弁護士のための
イチからわかる
離婚事件対応
実務

弁護士　平田雅也　編著

弁護士　松村　武／大藏久宣
大藏隆子／湧田有紀子
倉持雅弘／依田　知
共著

日本法令®

はじめに

本書は、主に新人・若手の弁護士に向けて、離婚事件への対応の仕方をお示ししたものです。

離婚事件は、訴訟になった場合には大抵の方が弁護士に代理を依頼しますが、最近では、協議や調停の段階から弁護士が代理人となることも増えてきています。また、離婚事件は特殊な部類の事件でもないことから、若手の弁護士が離婚事件を受任するケースも増えてきているようです。しかし、経験の浅い弁護士が単独で取り組もうとすると、相談者・依頼者や相手方と話をする際にどのようなことに気をつけなければならないのか、どこでどのような資料を集めればよいのか、また、最終的な解決に向けたプロセスはどのようなものなのか、といった、中堅・ベテランの弁護士にとっては「あたりまえのこと」がわからないために戸惑うことも多いと思われます。

本書では、離婚事件における細かな判例・学説の対立等々には踏み込まず、多くの書籍では説明が省かれている、上記「あたりまえのこと」に焦点を当てて、事件処理のイロハをわかりやすく記載しました。離婚事件に関する経験が豊富な弁護士たちと、皆さんの立場に近い若手弁護士たちとが協力し合い、構想を練り上げて、記載内容を厳選しました。

皆さんが初めて離婚事件に取り組むときに、この本を参照いただけば、何とかひとりでも事件処理ができる、そう自信を持っています。ぜひご活用ください。

令和4年10月吉日

執筆者一同

CONTENTS

1 基礎知識

2 受任・解決

3 離婚原因

6 養育費

7 面会交流

8 財産分与

12 離婚後の手続き

1

基礎知識

あなたが離婚事件を受任した場合、離婚原因を正確に把握し、
今後の見通しを立てながら、最適な方法で
依頼者の希望を叶えることに尽力することになります。
あなたは弁護士として、依頼者から聴取・収集した事情や証拠を
法的観点から見直し、的確に拾い上げて整理しなければなりません。
その意味で、あなたは依頼者自身よりも
依頼者のことを具体的に把握し、考察することになります。
不安と孤独のただなかにいる依頼者と向き合いながら適切な検討を続け、
彼らが満足する結果を導き出すことは決して容易ではありませんが、
それだけにやりがいも大きいものといえます。
本章では、離婚事件に対応するための基礎の基礎をまとめました。
まずはここを読み込み、ポイントをしっかり押さえましょう！

離婚の類型

離婚の類型別に、特徴や、弁護士が関与する場合の留意点を教えてください。

離婚の４類型

離婚には、「協議離婚」「調停離婚」「審判離婚」「裁判上の離婚」の４つの類型があります。各類型の特徴は、次のとおりです。

離婚の類型	離婚の成立	効力発生日
協議離婚	夫婦間の協議のみによって成立	離婚届の届出日
調停離婚	家庭裁判所の調停の場で話し合われて成立	調停成立日
審判離婚	調停での話合いが不成立となった場合に家庭裁判所が職権で判断	裁判所による審判の確定日
裁判上の離婚	夫婦のいずれか一方が提起した訴訟の確定判決で成立	裁判所による判決の確定日

協議離婚

協議離婚は、離婚の当事者である夫婦が協議し、双方合意の上で役所に離婚届を届け出ることで離婚が成立します（民法764条（同法739条を準用）、戸籍法76条）。現在わが国の離婚全体の９割弱を占める類型であり、最も一般的な離婚方法といえます。離婚届には夫婦

☞ 離婚には、①協議離婚、②調停離婚、③審判離婚、④裁判上の離婚の、４類型がある。

☞ いずれも「夫婦が離婚する」という効力が生じるという点では共通しているが、その効力発生日に差異があることに注意が必要である。

双方のほか証人２名の署名・押印が必要ですが、届出は夫婦のいずれか一方のみで行うことができます。

協議離婚の場面においても、弁護士が夫婦の一方の代理人として離婚交渉を行ったり、離婚協議書を作成したりするなどして深く関与することは少なくありません。この場合、親権、養育費、面会交流、財産分与などの離婚に付随する取決めについて検討したり、公正証書により履行確保を図りまた協議内容を確実なかたちで残したりするなど、専門家として、将来の紛争を防ぐための措置を講じることが求められます。

調停離婚

夫婦間での話合いが困難な場合には、裁判所における夫婦関係調整調停手続（いわゆる「離婚調停」）を利用することが考えられます。このような調停による離婚は離婚全体の約１割を占めており、決してめずらしいものではありません。

離婚調停は家庭裁判所で行われます。裁判官および調停委員２名（男女各１名）が夫婦のあいだに入り、それぞれから個別交互に話を聴取して進行する非公開の手続きです。もっとも、裁判官や調停委員が介在するとはいえ、協議離婚と同様、あくまで夫婦間の話合いによる自主的な解決を目的とするものであり、双方の合意が離婚成立の前提となります。そのため、裁判所が一方的に離婚およびその他の諸条件を命じることはありません。

そのようななかで、一方当事者の代理人である弁護士は、離婚調停手続において当事者本人と同席し、または単独で裁判官や調停委員と話をすることのできる唯一の存在です。事前に当事者と入念に打合せをして事案を網羅的かつ正確に把握し、裁判所に対しては本件を簡潔明瞭に説明できるように準備しておくほか、離婚訴訟に発展した場合等、今後の見通しを十分に視野に入れつつ、調停に臨むことが必要です。

審判離婚

家庭裁判所は、離婚調停が成立しない場合において相当と認めるときは、一切の事情等を考慮して、職権で事件の解決のため必要な審判をすることができ（家事事件手続法284条1項、「調停に代わる審判」）、これに基づく離婚を「審判離婚」といいます。離婚することに争いはないが条件に関するわずかな意見の食い違いで調停が不成立となった場合や、離婚条件が整ったが夫婦の一方が遠方に居住しているなどでどうしても出席できず調停を成立させることができない場合（調停成立時には双方当事者の出席が必要です）などに利用されることがあります。

もっとも、当事者双方が離婚という調停の主たる目的に同意している場合、裁判所がむやみに調停は不成立となったと結論づけることは少なく、上記のとおり限定された条件のもとでしか審判へと移行することはありません。また、夫婦の一方が異議を申し立てるとその異議事由を問わず審判の効力は失効することから、当事者にとっても審判離婚を利用するメリットは限定的です。そのため、審判離婚が利用される割合は、離婚全体の１％未満にとどまっています。

このような事情もあり、弁護士としても離婚審判に関与する機会は少ないのが実情ですが、離婚紛争の早期円満な解決の観点から望ましいと判断される場合などであれば、事案を誰よりも詳しく把握し、分析している代理人として、裁判所に対し積極的に離婚審判手続への移行を求めるべきでしょう。

裁判上の離婚

当事者間において離婚するかどうかに大きな争いがある場合、離婚協議や離婚調停を経ても離婚の合意に至らない、ということも十分にあり得ます。そのような場合、離婚を求める側は、離婚訴訟を提起することになります。裁判上の離婚は、一方配偶者が他方配偶者を被告として提起した離婚訴訟の認容判決が確定することによって成立します。離婚訴訟は人事訴訟の一種であり、その管轄は家庭裁判所です（人事訴訟法２条１号、４条）。

離婚訴訟は、まず離婚調停を経なければ提起することができません（調停前置。家事事件手続法257条１項、244条）。調停を申し立てずに訴訟が提起された場合、家庭裁判所は原則として職権で調停に付すこととされており（同法257条２項）、離婚訴訟はこのように原則としてその他の類型によっては離婚が成立しなかった場合に初めて提起されるものであることから、裁判上の離婚は離婚全体の１％程度を占めるにとどまります。

離婚訴訟の提起は、当事者双方の対立が大きいことの何よりの証左です。弁護士としては、法定離婚原因（民法770条１項各号）に当たる事実を法的観点から整理し、親権や養育費、年金分割等に関する附帯処分の申立ての是非を検討するなど、一方当事者の代理人として担うべき事項について、より注力することが肝要です。

離婚原因

離婚の原因となる事情には、どのようなものがありますか？

協議離婚・調停離婚の離婚原因

協議離婚・調停離婚は、家庭裁判所が手続きに介在するか否かの差異はありますが、いずれも、夫婦間での話合いのうえ、双方の合意に基づいて成立するものです。したがって、離婚の原因は限定されず、どのような事情であっても、双方が離婚することに合意すれば離婚することができます（ただし、子がいる場合には、父母の一方を親権者と定める必要があります）。法定の離婚原因として容易に認められない「性格の不一致」や「家事育児への非協力」なども、協議離婚・調停離婚の場では離婚の原因として話し合われることが少なくありません。

裁判上の離婚の離婚原因

裁判上の離婚では、「裁判所が一方当事者の意思に反して離婚を成立させる」という重大な効果が発生するため、離婚が認められる原因は、民法770条1項各号で法定された離婚原因に限定されます。

□ 配偶者に不貞な行為があったとき（1号）
□ 配偶者から悪意で遺棄されたとき（2号）
□ 配偶者の生死が３年以上明らかでないとき（3号）

☞ 協議離婚・調停離婚の場合、夫婦双方の合意さえあれば離婚原因は問われない。なお、審判離婚は、離婚すること自体には争いがなく細かい条件で合意に至らない場合などでしか利用されないため、離婚原因という離婚そのものに関わる事情が問題になる場合、離婚審判手続が利用されることはない。

☞ 裁判上の離婚の場合は、法定の離婚原因（民法770条1項各号）に限定される。

□ 配偶者が強度の精神病にかかり、回復の見込みがないとき（4号）
□ その他婚姻を継続し難い重大な事由があるとき（5号）

訴訟上とりわけ問題となるのは、「婚姻を継続し難い重大な事由」の具体的内容についてです。婚姻関係が破綻して回復の見込みがないこと、たとえば長期間の別居の継続、一方配偶者による虐待（直接的な暴力のほか、モラハラ等の精神的虐待も含みます）、性的不能等の事情が認められるのであれば、該当する可能性があります。一方で、先に挙げた「性格の不一致」や「家事育児への非協力」などの事情は、当事者にとっては離婚を決意するに足る重要な問題ですが、訴訟ではこれだけで「婚姻を継続し難い重大な事由」があるとはなかなか認められにくいのが実情です。

その他、一方配偶者の浪費や借金を原因とする経済的困窮、他方配偶者の親との人間関係（いわゆる「嫁姑問題」）、特定の宗教に入信したことによる日常生活への支障等、夫婦関係に悪影響を及ぼす事情は多岐にわたりますが、上記と同じくこのような事実だけでは「婚姻を継続し難い重大な事由」として認められることは困難です。

しかしながら、依頼者から事情を詳しく聴取するなかで、それを遠因として配偶者やその親族から虐待を受けているなど、「婚姻を継続し難い重大な事由」につながることもあります。弁護士としては、当事者が主立って話す事情にのみとらわれることなく、事案を客観的に俯瞰し、本件の離婚原因の根幹がどこにあるのかを分析・検討する姿勢を忘れてはなりません。

親権

親権とはどのような権利ですか？

親　権

親権（民法 818 条 1 項）とは、身上監護権（同法 820 条～ 823 条）、財産管理権（同法 824 条）および子の身分行為に関する法定代理権（同法 787 条、797 条等）を包含する権限です。一方で、ひとりでは社会生活を送ることが困難な未成熟児を保護し、その健全な肉体的・精神的成長を図るという子の福祉の観点からは、親権者に課される義務でもあります。

親　権

- **身上監護権（監護権）** … 居所指定権・懲戒権・職業許可権
  子の利益のために子を監護養育する権利をいう。日常生活全般において子と同居し、身のまわりの世話やしつけ、教育等を施す一般的・包括的権利であると理解されている。
- **財産管理権**
  子名義の財産を包括的に管理する権利をいう。子の財産を保護することを目的とし、その財産に関する法律行為についての代理権および同意権が与えられる。
- **子の身分行為に関する法定代理権**
  親権者は、認知の訴えの提起（民法787条）や15歳未満の子による養子縁組に関する承諾（同法797条）などを子に代わって行うことができる。

☞ 親権とは、未成年の子の世話・しつけ・教育等を施す「身上監護権」、子名義の財産を包括的に管理する「財産管理権」、子の身分行為を代理する「法定代理権」を包含する権利であり、子の福祉の観点からは親権者に課される義務でもある。

☞ 父母が離婚する場合、子の親権は、いずれか一方の親にのみ帰属させる必要がある。

親権の帰属先

父母の婚姻中、子は父母の共同親権に服します（民法818条3項）が、父母が離婚する場合には、父母のいずれか一方のみを親権者に定める必要があります（同法819条1項・2項）。

この場合、子の親権者となった一方の親には、原則として子の身上監護権・財産管理権の両方が帰属します。そのため、親権者となった親は、法律上および実生活上の両面において、将来にわたり子との結びつきが極めて強くなります。このような事情から、離婚に際し、離婚をすること自体には争いがなくとも、親権については、その帰属をめぐって真っ向から対立することも少なくありません。

父母のあいだで親権者に関する協議や調停が調わないときは、家庭裁判所が審判または判決によって親権者を定めることになります（民法819条2項・5項）。もっとも、実務上は、夫婦が「離婚については合意し、かつ親権者の判断は審判にゆだねたい」という意向を有しているような場合を除き、離婚調停を経て審判により親権者が指定されることはまずありません。調停において親権の合意ができない場合、離婚調停は不成立となり、離婚訴訟を提起することとなるのが通常です。

婚姻費用と養育費

婚姻費用と養育費について、それぞれどのような費用をいうのか教えてください。

婚姻費用

婚姻費用とは、婚姻共同生活を送る上で必要となる一切の費用をいいます（民法760条参照）。夫婦には協力扶助義務（同法752条後段）があり、配偶者間の生活の格差を是正する目的で、一方が他方の配偶者や子の生活費を補填する必要が生じ、支払う義務を負います。夫婦が同居していて単一の家計から夫婦と子どもの生活費が支出されている場合であれば特に問題とはなりませんが、婚姻中の夫婦が、別居等によってその家計を別にすることになると、婚姻費用をどちらが、いくら分担すべきかが問題となります。

婚姻費用の額は、婚姻費用を支払う側（義務者）と婚姻費用の支払いを受ける側（権利者）、それぞれの収入を比較して、夫婦が各々分担すべき金額が算定されます。現在の実務では、「改定標準算定方式・算定表（令和元年版）」に各配偶者の年収額（公租賦課等を控除する前の額面）を収入として当てはめて算定する方法が広く用いられています。

なお、夫婦が同居している場合でも一方が他方に婚姻費用を請求することは可能ですが、その場合の婚姻費用の算定には、上記算定方式・算定表は用いられません。各家庭の経済状況等に基づき、協議等によって合理的な額を定めることになります。

☞ 婚姻費用：
婚姻中の夫婦や未成熟児の生活費等、夫婦が共同生活をするために必要な一切の費用をいう。別居等により夫婦の家計が別になった際に、一方の配偶者が、他方の配偶者や子の生活を維持、継続するために支払う義務を負う。

☞ 養育費：
専ら子の生活に要する費用をいう。離婚後、一方の親が、子を監護養育する他方の親へ支払う義務を負う。

養育費

養育費とは、子が父母の離婚後も双方からの十分な援助を受け、社会的に自立し生活できるようになるまでに要する費用をいいます（民法 766 条 1 項前段参照）。離婚後に、親権を取得するなどして実際に子を監護している一方の親（監護親《かんごしん》）が、他方の親（非監護親《ひかんごしん》）に請求することができます。その額の算定は、婚姻費用同様、養育費を支払う側（義務者）と養育費の支払いを受ける側（権利者）、それぞれの年収額（公租賦課等を控除する前の額面）に基づき「改定標準算定方式・算定表（令和元年版）」を用いて行うのが現在の実務です。

なお、令和 4 年 4 月に成年年齢が 18 歳に引き下げられましたが、実務上は、現在の社会情勢に鑑みれば 18 歳となった時点で子が経済的に自立している実情になく、18 歳未満の者についてはその未成熟な面を保護の対象とすべきとの考えから、養育費の支払いの終期は、従前に引き続き子が満 20 歳に達する日の属する月までと理解されています（司法研修所編『養育費、婚姻費用の算定に関する実証的研究』（法曹会・令和 2 年）61 頁）。

□ 算定表抜粋 ～婚姻費用・子１人表（子０～１４歳）

出典：裁判所ホームページ

□ 算定表抜粋 ～養育費・子１人表（子０～１４歳）

出典：裁判所ホームページ

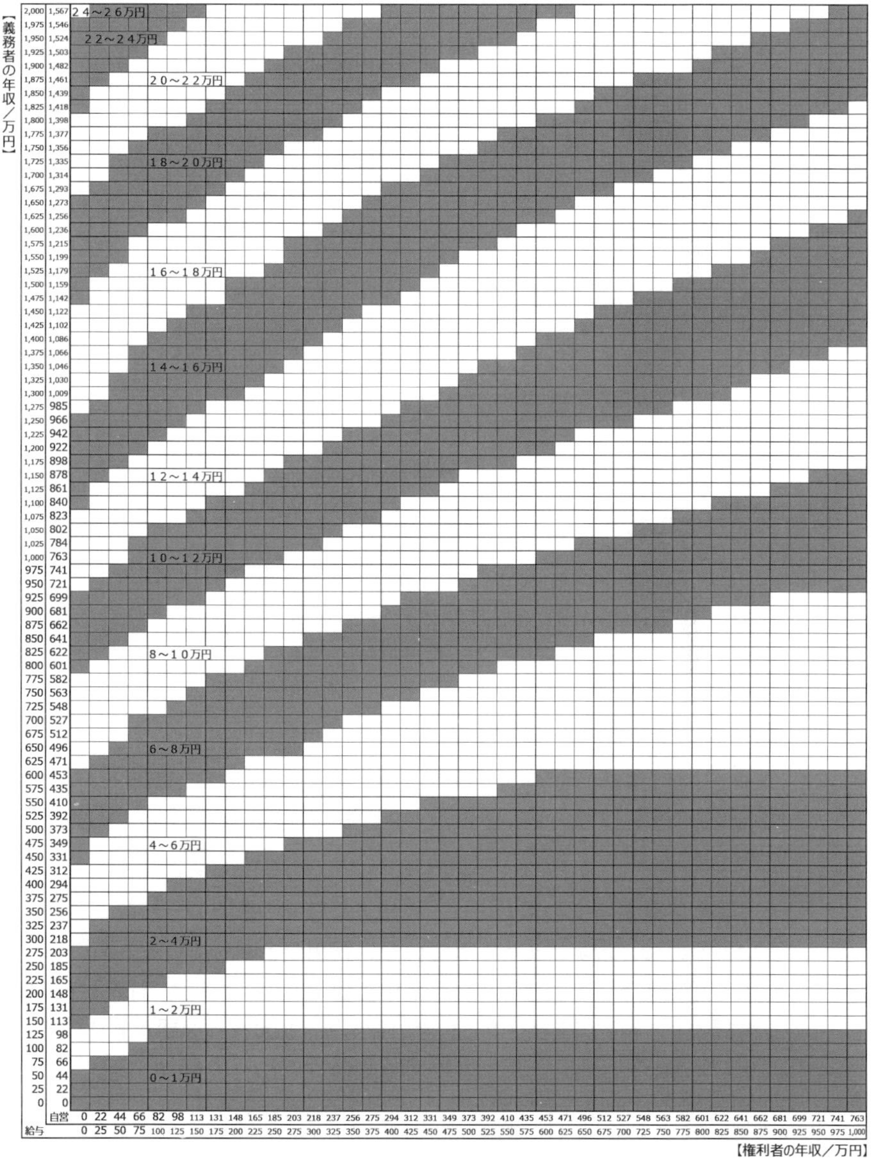

年収額の求め方

「改定標準算定方式・算定表（令和元年版）」は、婚姻費用・養育費を支払う側（義務者）と支払いを受ける側（権利者）、それぞれの年収額（公租賦課等を控除する前の額面）を当てはめて使用しますが、この年収額の求め方は給与所得者と自営業者とで異なるため、注意が必要です。

給与所得者の場合

サラリーマン等の給与所得者の場合は、就労先の会社（使用者）が発行する、直近の給与所得の源泉徴収票に記載された「支払金額」を参照します。

自営業者の場合

個人店経営者等の自営業者の場合は、直近の確定申告書に記載された「課税される所得金額」を基準に、次の①〜③を加算したものが総収入とされることが一般的です。

①現実に支出されていないもの：

「寡婦、ひとり親控除」「勤労学生、障害者控除」「配偶者控除」「配偶者特別控除」「扶養控除」「基礎控除」「雑損控除」「青色申告特別控除額」

※「課税される所得金額」には、税法上、種々の観点から控除がされているものの、現実に支出されていない費用が含まれているため、総収入を認定するにあたっては、確定申告書において所得から控除される金額のうち現実に支出されていない費用等を加算する必要があります。

②別途考慮済みのもの：

「生命保険料控除」「地震保険料控除」「医療費控除」

※これらは、算定表や標準算定方式で、すでに標準的な額について特別経費として考慮されています。

③婚姻費用および養育費の支出に劣後するもの：
「小規模企業共済等掛金控除」「寄付金控除」

無収入の場合

専業主婦（主夫）のように実際の収入がない場合においても、原則として算定上は収入をゼロとはせず、その者の身体的・精神的状態等に鑑みて潜在的な稼働能力を仮定し、平均的なパート・アルバイト収入（年収100万円程度）等を基礎とすることがあります。

□ 婚姻費用と養育費の比較

	婚姻費用	養 育 費
算定方法	各人の総収入を「改定標準算定方式・算定表」に当てはめて算定	
条　　件	夫婦が婚姻中であること 原則、夫婦が別居していること	父母が離婚していること 一方の親が子を監護していること
対　　象	配偶者＋子の生活費	子の生活費
始期～終期	原則、別居後～離婚まで	離婚後～ 子が成年等に達するまで

面会交流

面会交流とはどのような手続きですか？ 実施にあたっての注意点についても教えてください。

面会交流とは

面会交流（民法766条1項前段参照）とは、離婚により子の日常的な監護養育をしなくなった一方の親（非監護親）が、他方の親（監護親）との協議等により取り決めた条件のもと、定期的・継続的に子どもと会うなどの交流を図ることをいいます。面会交流については離婚時に取り決めることが一般的ですが、離婚前であっても、一方の親が子を連れて別居した場合などは、他方の親は、一方の親に対して子との面会交流を求めることができます。

面会交流の方法としては、事前に取り決めた日時・場所で、子どもと直接会うことが一般的です（直接交流）。非監護親と子の従前の関係や、子の福祉の観点から、直接交流が望ましくない場合には、手紙や写真のやりとりにとどめることもあります（間接交流）。通信手段が発達した現代社会においては、テレビ電話やインターネット回線を用いての交流など、面会交流を実現する方法は多岐にわたりますから、各家庭の個別具体的状況に合わせて柔軟に取り決めましょう。取り決めた内容については、後日紛争が生じないよう、書面に残しておくべきです。

面会交流の話合いがまとまらない場合は、調停を利用することができます。調停手続においても話合いがまとまらなかった場合には、審判に移行し、裁判所によって結論が示されることになります。

面会交流について取り決めるべき事項は、次のとおりです。

☞ 面会交流とは、子どもと離れて暮らす父または母が、両親間の取決めに従って子どもと会い、交流することをいう。

☞ 面会交流は、あくまで子の利益を最優先に考慮すべき手続きであり、円滑かつ充実した面会交流の実施のためには、両親間の信頼関係と協力関係の維持発展が不可欠である。

【優先度：大】 ←最低限必要不可欠なもの

□ 面会交流の実施日

□ 面会交流の実施期間

□ 子どもを受け渡す場所（面会交流開始時・面会交流終了時）

□ 面会交流の場所・方法

【優先度：中】 ←上記に付随する全般的な取決めといえるもの

□ 面会交流の頻度

□ 都合が悪い場合の対応

□ 両親の連絡方法

□ 子どもの受渡しの方法

【優先度：小】 ←その時々に応じて取り決めればよいもの

□ 面会交流のための交通費の負担

※一般的に、面会交流を実施した際の交通費・食費・レジャー代等の費用は非監護親が負担するため

□ 宿泊・旅行の可否

□ 非監護親の学校行事への参加の可否

□ 手紙・電話のやりとりの可否

□ プレゼントの可否

面会交流にあたっての心構え

最も優先されるのは「子の利益」

面会交流について取り決めるにあたっては、子の利益が最も優先して考慮されなければなりません（民法766条1項後段）。子の精神の健全な成長のためには両親双方との交流を図ることが望ましいと考えられており、一般的には非監護親との面会交流の実施が子の福祉にかなうとされていますが、両親が対立していれば、親子の適切な交流が実現できないばかりか、子が両親のあいだで板挟みとなって将来にわたり大きな不利益を被ることにもなりかねません。

両親に対しては、面会交流があくまで子どものために実施されるものであることを忘れないこと、そしてそのためには、両親間で互いに尊重し合い、双方が信頼関係・協力体制の整備と維持発展に努めることが肝要であることをしっかり伝えましょう。

□ 依頼者への説明

弁護士

（依頼者：監護親Aさん／相手方：非監護親Bさんの場合）
Aさんがこれまで、Bさんによって多くの辛い目に遭ってきたことは理解しています。ですが、お子さんにとってBさんは実の父親（母親）です。お子さんがBさんとの交流を通して学ぶことは決して少なくなく、何よりお子さんがこれからも健やかに成長するためには、Aさんからはもちろん、Bさんからの愛情を受けることがとても重要です。お子さんにとって、「父親（母親）が今も自分を愛してくれていると感じた」という体験は、何物にも代えがたい思い出として残ります。お子さんの未来をよりよいものにするためにも、Bさんと協力できるようにしてゆきましょう。

正当な理由なく応じないのはNG

監護親が正当な理由なく面会交流に応じないような場合、非監護親は、面会交流を実施するよう調停を求めたり、面会交流権の侵害を理由とする損害賠償請求を行ったりすることも可能です。また、調停で一度確定した面会交流の義務が履行されないような場合には、非監護親は、裁判所に対して履行勧告を求めたり、監護親を相手に強制執行手続をとったりすることができます。

もちろん、相手が子どもを連れ去ったり虐待したりするような具体的危険性がある場合には面会交流の拒否が認められますが、こうしたケースに当てはまると思われる場合でも、必ずしも面会交流を一方的に拒否できるとは限りません。面会交流を実施しない正当な理由があると考えられる場合には、それを主張できる証拠（過去に非監護親が子どもを虐待等したことや現在も言動に改善がみられないことがわかる録音・写真、周囲の人々の陳述書など）をそろえてもらったうえで面会交流調停を申し立て、協議するようにすべきでしょう。

弁護士

（依頼者：非監護親Bさん／相手方：監護親Aさんの場合）
おそらくAさんは、面会交流を実施してBさんにお子さんを任せることについて、本当に大丈夫なのかと不安に思っていることと思います。お子さんも、その不安を感じ取っているかもしれません。だからこそ、Bさんはお子さんに、Aさんのことを悪く言うようなことをしてはいけません。Bさんはお子さんのことを今も大好きであるということをお子さんに示してあげることこそが、最も重要であることを忘れないでください。Aさんには、この面会交流を通して、Bさんがこれからも変わらずふたりで協力してお子さんを育てていきたいと考えていることを示し、わかっていただきましょう。

財産分与

財産分与とはどのような手続きですか？　対象となる財産の範囲や評価の基準時、分与の方法等に着目して教えてください。

財産分与とは

財産分与（民法768条1項）とは、夫婦の離婚に際し、婚姻中に夫婦が共同で形成した財産を、各々に再分配する手続きをいいます。その性格には、清算的側面（夫婦生活における各々の貢献度に応じて公平な分配がなされること）や扶養的側面（一方配偶者の離婚後の経済状況・生活維持に鑑みた保障を図ること）、また慰謝料的側面（一方配偶者に支払われるべき慰謝料を考慮した分与を行うこと）があります。

なお、財産分与は、離婚の時から２年を経過すると請求ができなくなってしまいます（同条２項ただし書）。これを念頭に、財産分与を請求する一方配偶者の代理人を受任した場合は、なるべく離婚時に財産分与の条件を決めるようにしましょう。また、すでに離婚した一方当事者からの依頼を受任した場合は、早急に手続きを進める必要があります。

対象財産

財産分与の対象となる財産は、「夫婦が婚姻してから別居するまでに共同して形成した財産（共有財産）のすべて」です。積極財産に限らず、住宅ローン債務等の各人の消極財産（負債）も、財産分与の対象となります。

☞ 財産分与とは、夫婦が婚姻生活中に共同して形成した財産を、離婚に際して各々の財産として再分配する手続きをいう。

☞ 実務上、夫婦が同居中に形成した共有財産について、別居日時点を基準時として開示し、その財産を離婚時点で評価・換価したうえでそれぞれを合計して、その半分ずつを各々の分与額とすることが広く行われている。

資　産

財産分与の対象となる資産としては、具体的に、婚姻中に購入・形成された次のようなものが挙げられます。

- □ 現金、預貯金
- □ 生命保険・火災保険などの保険（解約返戻金のあるもの）
- □ 自宅等の不動産
- □ 株式等の有価証券
- □ 自動車
- □ ゴルフ会員権
- □ 積立金
- □ 骨董品・絵画
- □ 退職金（将来支払われる蓋然性が高い場合など一定の場合に限定）

名義のあるものもありますが、夫婦どちらの名義であっても財産分与の対象です。いわゆる“へそくり”も対象となります。

負　債

夫婦や子の共同生活のために負担した債務は、夫婦がそれぞれ責任を負うことが実質的な公平に資するとして、生活費や資産の形成、子どもの教育を目的として生じた債務は、財産分与の対象とされています。たとえば、次のような負債が挙げられます。

□ 生活費のためのカードローン
□ 生活のために使ったクレジットカードの残債
□ 住宅ローン
□ 教育ローン

夫婦の一方がギャンブルや贅沢品の購入、個人の遊興費のためにつくった借金は、当然ながら財産分与の対象とはなりません。

特有財産として除かれるもの

婚姻前または別居後に各人が個別に形成した財産や、一方配偶者が親族から相続した財産などは、各人の特有財産として、財産分与の対象とはなりません。財産分与とは、あくまで夫婦が共同して形成した財産を各人に再分配するものだからです。夫婦のいずれに属するか明らかでない財産は夫婦の共有財産と推定される（民法762条2項）ため、財産分与の対象となる財産の範囲が争われる場合には、その財産が夫婦の共有財産ではなく一方の特有財産であると主張する側が、その主張・立証責任を負うと考えられています。

基準時

財産分与の対象となる財産は夫婦が共同して形成した共有財産に限定されることから、実務上、財産分与を行う際に提示する財産の基準時は、「夫婦の別居日時点」とされています。夫婦が離婚するまで同居していた場合には「離婚時点」、離婚調停時にもまだ別居しておらず同居している場合には「離婚調停申立書が受理された日」を基準時とするのが一般的です。

なお、財産の評価は、別居後・離婚前に処分された場合は処分時の価額、離婚時まで存在する場合は離婚時の価額となるため、特に別居から離婚までの期間が長期にわたる場合などには不動産や有価証券等の評価に注意が必要です。

分与の割合

財産分与によって分配される財産割合は、夫婦の共同生活における各々の貢献度によって決定されます。もっとも、一般に夫婦は共同して生活し、互いの生活を支え合うものであるため、貢献度の割合は原則として「1：1」とされています。

分与の方法

財産分与の対象となる共有財産は、各人の分与額に応じて分配されます。このとき、一方配偶者が保有する財産が分与額に満たない場合は、他方配偶者から不足分の分与を受けて調整することになります。

基本的に、財産分与により夫婦の共有財産は離婚時に換価され、分与額に応じて分配されることになります。不動産・有価証券・自動車等はその売却金が、保険は別居日時点の解約返戻金が分配されることが原則です。

しかし、離婚後も一方配偶者が自宅に住み続けることを希望している場合や、保険を一方配偶者が引き継ぐことが離婚後の夫婦・子どもにとって望ましい場合等、共有財産のすべてを処分し換価することが、離婚後に各人が安定的な生活を継続しようとする上でかえって不都合となる場合があります。たとえば自宅や保険を一方配偶者に取得させ、その代償金を他方配偶者に支払わせることとするなど、柔軟な分与方法を検討することも忘れてはなりません。

年金分割

年金分割とはどのような制度ですか？

年金分割とは

年金分割とは、夫婦が離婚した場合に、ふたりが婚姻期間中に支払った保険料納付額に対応する厚生年金を分割し、それぞれ自分の年金とすることができる制度です。離婚時の年金分割が行われると、婚姻期間中について、厚生年金の支給額の計算のもととなる報酬額（標準報酬）の記録が分割され、年金額をふたりで分割できます。

たとえば、一方配偶者が家事育児を担い、他方配偶者の収入によって生活していたという場合、一方配偶者は、納めてきた年金保険料が少ないことから離婚後、経済的に困窮することも懸念されるところです。年金分割は、このような離婚後の将来にわたる経済的格差を是正することを目的とした制度です。

年金分割には、「合意分割」と「３号分割」の２種類があります。いずれも請求期限（離婚をした日の翌日から起算して２年以内）がありますので、注意してください。

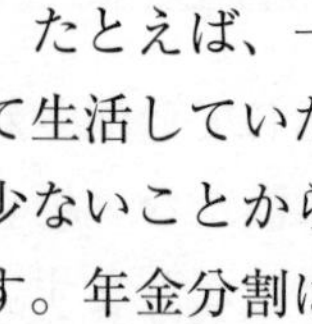

☞ 年金分割とは、離婚した夫婦間において、ふたりの婚姻期間中の保険料納付額に対応する厚生年金を分割して、それぞれ自分の年金とすることができる制度である。

☞ 年金分割には、「合意分割」と「3号分割」の2種類がある。いずれも離婚をした日の翌日から起算して2年以内に請求しなければならない。

合意分割

合意分割とは、当事者の一方または双方からの請求により、婚姻期間中の厚生年金記録（標準報酬月額・標準賞与額）を当事者間で分割することができる制度です。要件として、①婚姻期間中の厚生年金記録があり、②当事者の合意または裁判手続により按分割合が定められており、③離婚した日の翌日から起算して２年以内の請求であることが必要です。

按分割合について争いがある場合は、年金分割の按分割合を求める調停・審判を利用することになります。また、離婚調停申立ての際、請求内容の１つとします。

3号分割

３号分割とは、国民年金の第３号被保険者であった者（配偶者の扶養に入っていた主婦・主夫など）からの請求により、平成20年４月１日以後の婚姻期間中の第３号被保険者期間における相手方の厚生年金記録（標準報酬月額・標準賞与額）を２分の１ずつ、当事者間で分割することができる制度です。要件として、①婚姻期間中に平成20年４月１日以後の国民年金の第３号被保険者期間があり、②離婚した日の翌日から起算して２年以内の請求であることが必要です。

慰謝料

離婚に伴う慰謝料について、どのような場合に、どの程度請求することができますか？

離婚に伴う慰謝料請求権

一方配偶者は、離婚に際し、離婚の原因を作出した有責の他方配偶者に対し、離婚により精神的苦痛を被ったことを理由として慰謝料を請求することができます。

ただし、他方配偶者が離婚の原因行為を行っていたことや、一方配偶者が離婚自体について精神的苦痛を被ったことが認定されない限り、請求権は認められません。そのため、「性格の不一致」や「家事育児への非協力」など一方のみに有責性があると一概には認められない場合や、精神的苦痛が小さい場合には、そもそも慰謝料請求が認められるかどうかを慎重に検討する必要があります。

裁判上、慰謝料の支払いが認められた例としては、離婚原因として法定されている不貞行為や暴力行為、悪意の遺棄のほか、有責配偶者による暴言・モラルハラスメント等の精神的虐待、性交渉の長期継続的な拒否などがあります。

慰謝料請求権の根拠

慰謝料請求権は、不法行為に基づく損害賠償請求権（民法 709 条：故意又は過失によって他人の権利又は法律上保護される利益を侵害した者は、これによって生じた損害を賠償する責任を負う。）を根拠と

- ☞ 一方配偶者は、離婚する際に、その離婚によって被った精神的苦痛を理由として、離婚の原因を作出した他方配偶者に対して慰謝料を請求することができる。
- ☞ 慰謝料請求権は不法行為に基づく損害賠償請求権（民法709条）を根拠とするものであり、請求にあたってはその要件を充足する必要がある。
- ☞ たとえば不貞行為により婚姻関係が破綻して離婚に至った場合の慰謝料の相場は、150万～200万円程度である。

していることから、その要件（①一方配偶者の行為による権利侵害、②一方配偶者の故意または過失、③違法性、④他方配偶者に損害が発生したこと、⑤ ①と④のあいだに因果関係があること）を満たすことが必要となります。

そして、民法709条の不法行為責任に基づく慰謝料請求権には消滅時効が存在し、加害者が他方配偶者であることは明らかであることから、一方配偶者は、上記不貞行為等があった日から3年以内に慰謝料を請求しなければなりません（同法724条1号）。

慰謝料の相場

支払われるべき慰謝料の金額は、各夫婦間の個別具体的事情によって大きく異なります。裁判例においては、離婚の原因を作出した一方配偶者による有責行為の態様・程度をはじめ、婚姻生活の期間・実情、各人の年齢・社会的地位・経済的関係、子の有無、婚姻期間ないし別居期間の長短等が総合的に考慮されています。

考慮要素が多岐にわたるため一概にはいえませんが、たとえば不貞行為により婚姻関係が破綻して離婚に至った場合、慰謝料の額は、150万円から200万円程度が相場となっています。

2

受任・解決

離婚の相談にやって来た方の希望が
必ずしも「離婚したい」であるとは限りません。
弁護士と話をするのは初めてという相談者も少なくありませんから、
まずはその心情に配慮して相談者が話しやすい雰囲気をつくりつつ、
必要な情報についてはしっかりと聞き出していく必要があります。
加えて、聴取した情報をもとに、総合的に考慮・検討して
解決手段の選択について判断しなければなりません。
ここでは、受任から解決までのポイントについてお伝えします。

離婚の法律相談

離婚の法律相談では、特にどのような点に注意が必要でしょうか？

相談にあたっての姿勢

「相談者が求めていること」の理解に努める

法律相談に来る方の多くは、不安を抱え、緊張しているものです。何を話せばよいかもよく整理できていないということも少なくありません。離婚を前提に親権や養育費、財産分与等について質問する方によくよく話を聞いてみると、本心では離婚をしたくないと思っていた、ということもよくある話です。

相談に際しては、こうした相談者の心情に配慮することが求められます。相談者が求めていることを十分に理解できなければ、相談者にとって本当に望ましい解決の道筋を示すことはできません。話が要領を得なかったり、事件に関係のない話や感情論に終始したりするようなこともありますが、その話を遮ることなく、まずは「相談者の話をよく聴く」という姿勢で臨みましょう。

「相談」時点での説明の範囲

相談者としては、親権や養育費、財産分与、年金分割、慰謝料などがどうなるか､気になるところです｡尋ねられることも多いでしょう。しかし、相談の段階では、基本的な考え方の説明にとどめておくべきと考えます。具体的な説明をするとなると、個人情報に関わる事項も確認する必要が生じますが、委任を受けるかわからない段階では、こ

☞ 一番大切なことは、相談者が離婚を求めているのか、それとも婚姻関係の修復を求めているのかをはっきりさせることである。

☞ 配偶者から暴力を受けているケースでは、身の安全を確保するための方策のアドバイスも行いたい。

れらはあまり詳しく聞かずにおくほうが無難でしょう。

DV 事案と疑われる場合にとるべき対応

相談者が配偶者から日常的に暴力を受けているケースもあります。今も配偶者と同居しているなど、相談者の安全が危ぶまれるケースでは、緊急時一時保護施設（シェルター）の利用や別居の検討など、身の安全を確保する必要性を説き、そのための手段をアドバイスするようなことも必要です。

□ 相談者への対応

弁護士：今日は離婚の相談とのことですが、今は旦那様と一緒に暮らしていらっしゃるのですか？

弁護士：旦那様から離婚の申入れがあったのですね。●●様は離婚をしてもよいと考えているのですか？

弁護士：いま一番困っていること、心配していることは何ですか？

確認事項・聴取事項

相談者が離婚を決意している場合は、現在配偶者と同居しているか、相談者・配偶者の職業、子どもの有無、いる場合には子どもの年齢などを確認します。そのうえで、離婚を決意するに至った理由を聴き取り、裁判上の離婚原因の有無を確認するとよいでしょう。

あわせて、配偶者の意向を確認する必要もあります。当事者間で離婚について合意ができており、双方慰謝料を求めていないようなケースであれば、離婚原因について詳しく聴き取る必要はありません。

□ 確認事項・聴取事項

□ 離婚をしたいのか、夫婦関係を継続したいのか：

□ 同居しているか否か：

□ 子の有無、年齢：

□ 夫婦の就労の有無、収入：

□ 相談者の特別な事情：

□ 離婚の理由：

弁護士費用

相談者にとって、弁護士に頼むとどのくらいの費用がかかるのかは、重大な関心事です。今後発生する弁護士費用についてきちんと説明できるよう、準備しておきましょう。

特に離婚事件は、離婚することそのものだけでなく、婚姻費用分担金請求、面会交流、場合によっては監護者の指定、子の引渡請求……どんどん事件が広がっていく可能性があるものです。当然、それに伴って弁護士費用も増えることになりますから、弁護士費用の見込みについて伝えるときは、この点もあらかじめ、十分に説明をしておいたほうがよいでしょう。

□ 弁護士費用の説明

弁護士

弁護士費用の着手金と報酬金は、原則として、委任を受けた事件単位で発生することになります。
今回委任を受けた離婚請求および婚姻費用請求事件に対する着手金は、●●円になります。今後、相手方から面会交流調停、監護者の指定等の申立てがあった場合は、別事件となりますので、別途、着手金、報酬金が発生する場合があります。

離婚事件の受任

離婚事件を受任するにあたっては、どのような点に注意が必要ですか？

収集すべき情報

当事者夫婦の年齢、職業、収入、子どもの年齢、学校などの基本的な情報を収集するのはもちろんですが、離婚事件において特に大切なのは、相手方の性格や、離婚に対する考え方（離婚の意思はあるのか）について確認することです。離婚事件では感情的な対立があるケースが多く、また当事者が精神的に不安定になっていることも多いものです。DV 事案に限らず、子どもを連れ出して別居したようなケースでは、相手方が攻撃的な対応をしてくることもあります。相手方への初期の対応を誤ると、解決が困難となる場合も多いですから、よく気をつける必要があります。

また、離婚が成立すればそれで終わりではありません。依頼者も相手方も、ケースによってはその子どもたちも、離婚後にはそれまでとは異なる新しい生活を始めることになるわけで、その生活が成り立つようにする必要もあります。養育費や財産分与をどうするか、方針を決める上で、夫婦の財産（年収、預貯金、株式等有価証券、生命保険、所有不動産など）に関する情報は必要不可欠ですから、依頼者自身の財産関係資料はもちろん、相手方の分についても資料を収集するようお願いしましょう。そのほか、別居後・離婚後の生活や、子どもの養育監護の支援等を考える上では、各当事者の両親についての情報を収集することも有用です。

- ☞ 初期の相手方への対応を誤ると、解決が困難になってしまう。依頼者からできるだけ多くの情報・資料を収集し、適切な解決の方針を決める必要がある。
- ☞ 最も重要なのは、「裁判上の離婚原因があるか否か」の見極めである。
- ☞ 親権の帰属や面会交流など、子をめぐる問題により当事者間の対立が先鋭化する事案が多い。この点の依頼者の意向はしっかり確認しておこう。

離婚原因の有無の判断

裁判上の離婚原因（民法770条1項各号）があるか否かの判断は、今後の事件処理の方向性を決める上で極めて重要です。

たとえば離婚を求める側で受任した場合、裁判上の離婚原因があり、裁判で離婚請求が認容される見込みが大きいのであれば、離婚協議・調停段階で大幅な譲歩をする必要はなく、また話合いに時間をかける必要性も少なくなります。言ってみれば、強気な態度で離婚協議・調停に臨むことができるわけです。

逆に、裁判上の離婚原因が認められない可能性が高い場合は、離婚協議・調停で離婚を成立させることができなければ離婚できないわけですから、ある程度の譲歩が必要になってきます。

子に関する意向の確認

近時は、親権や面会交流が大きな争点となって当事者間の対立が先鋭化する事案が多くみられます。この点の依頼者の意向はしっかり確認しておきましょう（特に依頼者が同居親である場合は、面会交流の実施に対して消極的なことが多いです）。

もっとも、実務上は、別居親の暴力等特別な事情がない限り面会交流を拒むことは難しいこと、将来的には面会交流に応じる必要性が高いことを説明して、納得を得ておいたほうが、事件解決がスムーズに進む可能性が高いと思われます。

受任通知

離婚事件においては、相手方が精神的に不安定になっていることも多く、代理人に対し非常に敵対的・攻撃的な態度に出てくることもあります。初期の段階で神経を逆なでするとその後の事件処理に悪影響が出ることもありますから、受任通知では、高圧的ととられる文言は避けたほうが無難です。

なお、請求の始期を確定する婚姻費用の請求をする場合は内容証明郵便にする必要がありますが、受任通知は普通郵便で出してもかまいません(送達が確認できるよう特定記録郵便とするのがよいでしょう)。

□ 面会交流についての説明

依頼者

子どもはまだ小さくて、ひとりで面会するなんてできませんが、私は今は夫には絶対に会いたくありません。ですから、面会交流には応じたくありません。

↓

弁護士

わかりました。今回は、お子さんが小さいこと、別居して間もないことを理由に、面会交流の申入れは断りましょう。
しかし、裁判所は、暴力行為があるなどお子さんの安全が確保できないような場合を除いて、原則として面会交流を認めています。今は顔を合わせることへの拒絶感も強いでしょうが、将来的には面会交流を実施する方向で考えてください。
長い目でみると、お父さんとの関係を保っておいたほうが、お子さんにとっても良い場合が多いと思います。

□ 受任通知例

令和＊＊年＊＊月＊＊日

東京都＊＊市＊＊町１－２－３
日　本　　太　郎　　殿

〒101-0032
東京都千代田区岩本町１－２－19　２階
電話 03-0000-0000　FAX 03-0000-0000
○○法律事務所
日本花子代理人
弁護士　○○　○○
弁護士　○○　○○

御　通　知

拝啓　貴殿、益々御清栄の段大慶に存じます。

当職らは、この度、日本花子（以下「通知人」といいます。）から、貴殿との離婚及び離婚に伴う諸問題（以下「本件離婚等」といいます。）について委任を受けましたので、ここに御通知申し上げます。

貴殿も御承知の通り、通知人は貴殿との離婚を決意し、令和＊＊年＊＊月＊＊日、通知人はお子様とともに別居を開始しました。

通知人と致しましては、本件離婚等について円満かつ早期に、話し合いにより解決したいと強く希望しております。

つきましては、お忙しいところ誠に恐縮ですが、令和＊＊年＊＊月＊＊日までに、本件離婚等についての貴殿のお考えを書面にて当職宛てご連絡下さるようお願い申し上げます。

また、貴殿には通知人及びお子様方への婚姻費用の支払義務があります。したがって、通知人は貴殿に対し、婚姻費用として月額＊＊円を毎月末日までにお支払い下さるよう請求申し上げます。

なお、貴殿からご連絡がなく、また、婚姻費用のお支払いがない場合は、通知人と致しましては、やむなく、東京家庭裁判所立川支部に対し、離婚調停及び婚姻費用分担調停を申し立てることになりますこと、予めご承知置き下さい。

本件につきましては、当職らが通知人より全てを受任しております。無用の混乱や誤解が生じることを避けるため、通知人への御連絡はお控え頂き、今後は全て当職ら宛に御連絡下さるようお願い致します。

上記のとおり、御通知申し上げます。

敬具

解決手段の選択

離婚事件の解決手段は、何をポイントとして決定・選択すればよいですか？

離婚事件の解決手段

離婚事件の解決手段には、離婚協議・離婚調停・離婚訴訟があります。選択を間違えると、解決に時間がかかってしまうことにもなりますから、適切な手段を選択したいものです。相手方の態度や意向、裁判上の離婚原因（民法770条1項各号）の有無が重要なポイントとなります。

離婚協議

離婚すること、またいずれが子の親権者となるかについて合意ができており、財産分与等についても大きな争いがない場合は、離婚協議によることで、最も早期に、かつ簡易に解決することができます。逆に、争いがあり、話合いでの解決が難しい場合には、協議に要した時間の分だけ調停の申立てが遅れ、解決も遅れることになりますので、その見極めが肝要です。

離婚協議による解決には、離婚協議書の作成が不可欠です。また、離婚協議書の内容の履行確保のためには、執行認諾文言のある公正証書を作成する必要があります。夫婦で公証役場へ出頭する必要があり手間がかかりますし、時間と費用もかかります。この点は協議離婚のデメリットといえるでしょう。なお、公正証書の作成費用（手数料）

☞ 相手方の態度や意向、裁判上の離婚原因の有無から適切な手段を選択しよう。

☞ 一般に、協議離婚は当事者間で離婚条件等についておおむね合意している場合、離婚調停は離婚条件の対立はあるが話合いが可能な場合、離婚訴訟は裁判上の離婚原因が認められる可能性が高い場合に有効である。

は原則として目的の価額に応じて定められていますが、離婚協議書を公正証書化する場合には、慰謝料や養育費の額が目的の価額となります。

離婚調停

わが国では調停前置主義が採用されているため、協議離婚ができない場合には、訴訟を提起する前に、まず離婚調停の申立てをすることになります。

離婚調停も、あくまで話合いにより解決を図ろうとするものです。当事者どうしでは話合いがうまくいかない場合でも、中立・公正な調停委員会が関与して争点の整理が行われることから、誤解・不信感が解消され、早期に解決する可能性が高まります。また、裁判上の離婚原因がなくても合意さえできれば離婚ができますので、裁判では離婚請求が認められないようなケースで離婚を成立させたい場合に有用です。

しかし、調停期日はおおむね月に１回程度です。一方にまったく離婚の意思がない場合や、双方が親権者となることを希望している場合など、当事者間の対立が激しく調停成立の見込みがないような場合は、無駄に時間を消費するだけになってしまう可能性もあります。また、離婚調停では原則として当事者本人が調停期日に出席する必要があり、そのために仕事を休まなければならないなど、当事者に負担がかかります。裁判上の離婚原因がある場合は、早期に調停を不成立にして離婚訴訟に移行したほうがよいこともあります。

離婚訴訟

裁判上の離婚原因があれば、一方が離婚の意思を持っていなくても、裁判により離婚を実現することができます。明確な裁判上の離婚原因があり、その立証ができるのであれば、調停に時間をかけるのではなく、離婚調停は早期に不成立にして、離婚訴訟を提起したほうがよい場合も多いでしょう。

また、訴訟になると、相手方も代理人をつけることが多くなります。DV事案など、相手方本人が対応し話合いができなかった場合でも、相手方に代理人がつくことでスムーズに話合いができるようになる可能性もあります。加えて、口頭弁論期日等に当事者本人が出頭する必要もありませんから、当事者の負担は減ります。

もっとも、裁判上の離婚原因がない、あるいは立証が困難であるために、離婚請求が認容される可能性が低い場合は、和解が成立しない限り、訴訟では離婚を実現できないことになります。また、判決が出るまでにはおおむね１年程度かかり、解決まで時間を要します。これは大きなデメリットであるといえるでしょう（和解協議に比較的早い段階で入ることも多く、和解によって早期に解決できることもあります）。

勝訴判決も手放しでは喜べない……

　言うまでもないことですが、離婚訴訟で被告が勝訴した、すなわち原告の離婚請求を棄却する判決が確定したとして、それで関係が修復されて夫婦が同居再開するというものではありません。たとえば有責配偶者からの離婚請求が棄却されても、数年間別居状態が継続すれば、いずれ婚姻関係の破綻が認定され、離婚請求が認められてしまいます。このようなことが想定される場合、被告にとって、勝訴判決も手放しで喜べるものではありません。この点が、損害賠償等、他の訴訟事件との大きな違いでしょう。

　このケースで被告の立場に立った場合、数年後に判決で離婚するよりも、いま和解で離婚に応じたほうが、交渉を有利に進めることができ、特に経済的に有利に離婚ができることもあります。被告側の代理人となったとして、被告（依頼者）に対して離婚による解決を無理に勧めるようなことはもちろんいけませんが、離婚にいま応じた場合と将来応じた場合、それぞれのメリット・デメリットは、判断材料の1つとして伝えておいたほうがよいでしょう。

離婚協議書

離婚協議の結果、無事に離婚について合意に至りました。離婚協議書の作成にあたり注意すべきポイントについて教えてください。

離婚協議書の作成

相手方との離婚協議が合意に至った場合に、離婚協議書を作成するのは当然です。

養育費・財産分与・慰謝料等の給付条項がある場合は、義務が履行されなかった場合に強制執行ができるよう、強制執行認諾文言付き公正証書を作成したほうがよいでしょう。その際、相手方に代理人がいない場合には、相手方に対し、公正証書作成には費用がかかること、作成当日には公証役場に赴く必要があることを説明しておきましょう。

離婚協議書の条項

離婚協議書の条項は、基本的には調停離婚における調停条項と同じです。異なる点として、離婚協議書では、離婚の合意のほか、「双方で離婚届に所定の事項を記載し署名押印すること」、そして「一方当事者が届出をすること」を記載することが多いでしょう。

調停で行われる裁判所書記官・裁判官による条項等のチェックがありませんので、代理人がしっかりと、条項ならびに財産目録についてチェックしなければなりません。

- ☞ 養育費等の給付条項がある場合には公正証書を作成する。
- ☞ 名義変更手続がある場合には、手続きに関する条項を忘れずに盛り込もう。
- ☞ 年金分割については、離婚協議書とは別に、年金分割に関する合意書を作成するとよい。

養育費

子どもが複数いる場合、養育費の支払いの終期が子どもにより異なることになります。ひとりずつ、養育費の額と支払いの終期を記載する必要があります。

また、病気・事故等の特別の出費に関する条項も入れたほうがよいでしょう。

名義変更手続

財産分与について、不動産・自動車等、名義変更手続が必要なものがあれば、その手続きに関する条項を設けることが必要です。

預金・保険の譲渡手続

預金や生命保険・学資保険の譲渡については、あらかじめ金融機関・保険会社に対し、譲渡・名義変更の可否について確認しておいたほうがよいでしょう。

□ 離婚協議書

離婚協議書

日本太郎（以下「甲」という。）と日本花子（以下「乙」という。）は、以下のとおり、協議離婚の合意をし、その証として本書2通を作成し、各自1通を所持するものとする。

第1条（離婚の合意）

甲及び乙は、本日、協議離婚することに合意し、甲は離婚届出用紙に所要の記載をした上、署名押印し、乙にその届出を託すことし、乙はこれを速やかに届け出る。

第2条（親権）

甲乙間の長女良子（平成＊＊年＊＊月＊＊日生）及び長男正太（平成＊＊年＊＊月＊＊日生。以下2人併せて「未成年者ら」という。）の親権者を乙と定め、乙において監護養育することとする。

第3条（養育費等）

1　甲は乙に対し、未成年者らの養育費として、各人が令和＊＊年＊＊月から満20歳に達する月まで、1人につき1か月5万円の支払義務があることを認め、これを毎月末日限り、乙が指定する口座（○○銀行○○支店・普通口座・○○○○○○・日本花子）に振り込んで支払う。振込手数料は甲の負担とする。

2　甲と乙は、未成年者らの進学・病気・事故等特別の出費を要する場合は、その負担につき当事者間で別途協議して定める。

第4条（財産分与）

甲は乙に対し、本件離婚に伴う財産分与として、金＊＊円の支払義務があることを認め、これを令和＊＊年＊＊月＊＊日限り、前条の口座に振り込んで支払う。振込手数料は甲の負担とする。

第5条（面会交流）

乙は、甲が未成年者らと、月1回程度面会することを認め、その日時、場所及び方法等については、未成年者らの子の福祉に配慮して、甲及び乙が別途協議して定める。

第6条（年金分割）

甲と乙との間の別紙記載の情報にかかる年金分割についての請求すべき按分割合を0.5と定める。

第7条（清算条項）

甲及び乙は、以上をもって本件離婚に関するすべてが解決したものとし、本条項に定めるほか、何らの債権債務がないことを相互に確認し、今後、財産分与等名目の如何を問わず、何らの財産上の請求をしない。

以上

年金分割の合意について

年金分割の合意については、離婚協議書とは別に、「年金分割の合意書」を作成するほうが、その後の手続きをする上で便宜です。年金分割の合意書のひな型は、日本年金機構のホームページからダウンロードすることができます。

□ 年金分割の合意書

年金分割の合意書

【合意内容】

（甲）＿＿＿＿＿＿＿＿＿＿と（乙）＿＿＿＿＿＿＿＿＿＿は、
次の事項について合意したので、ここに合意書を作成する。

第一条　厚生年金保険法第78条の2第1項の規定に基づき、標準報酬の改定または決定の請求をすること。
第二条　第一条に規定する請求について、請求すべき按分割合を

０．□□□□□

とすること。

令和　　年　　月　　日

署名等（甲）			
個人番号（または基礎年金番号）			
生 年 月 日	明治・大正 昭和・平成 令和	年　　月　　日	
氏　　名			

署名等（乙）			
個人番号（または基礎年金番号）			
生 年 月 日	明治・大正 昭和・平成 令和	年　　月　　日	
氏　　名			

※　記入・署名の前に裏面の注意事項を必ずお読みください。

年金事務所等使用欄　※ 職員が記入するため、請求者は記入不要です					
	提出者区分	確認書類	印鑑照合欄	確認欄	受付印
甲	本人 ・ 代理人	運転免許証・運転経歴証明書 パスポート・個人番号カード 印鑑登録証明書			
乙	本人 ・ 代理人	運転免許証・運転経歴証明書 パスポート・個人番号カード 印鑑登録証明書			

調停の申立て

離婚調停の申立てにあたっての注意点について教えてください。

提出書類

夫婦関係調整調停の申立てに際し提出する書類を掲示します。これらの書類は、裁判所のホームページからダウンロードすることができます。

①	申立書（3通）
②	事情説明書（1通）
③	子についての事情説明書（1通）
④	連絡先等の届出書（1通）
⑤	進行に関する照会回答書（1通）

添付資料

添付資料としては、次の書類が必要となります。このうち、戸籍謄本以外の資料については、必ずしも申立て時に提出する必要はありません（もっとも、提出するタイミングは別として、調停申立て時に準備しておくのがよいと思います）。

☞ 添付資料は、申立て時に提出する必要はないが、この段階で準備はしておこう。

☞ DV 事案など、依頼者が相手方に住所を秘匿している場合は、申立てにあたり配慮を要する。

①	婚姻関係等、身分関係を示す資料 □ 戸籍謄本
②	離婚原因に関する資料 □ 診断書 □ 興信所の調査報告書 □ メール、写真等 ※離婚について合意ができており、慰謝料を求める予定がないケースでは、無用な対立を避けるため、離婚原因に関する資料を提出する必要はない。
③	養育費に関する資料 □ 前年の源泉徴収票または確定申告書 □ 給与明細（少なくとも３か月分） □ 非課税証明書
④	財産分与に関する資料 □ 不動産登記事項証明書 □ 固定資産評価証明書 □ 不動産査定書等 □ 通帳の写し □ 残高証明書 □ 生命保険の払戻金のお知らせ □ 車検証 □ 住宅ローン等の返済予定表　など
⑤	年金分割に関する資料 □ 年金分割のための情報通知書

DV事案などでの対応

源泉徴収票等、住所が記載されている資料もあります。DV事案などで依頼者が相手方に住所等を秘匿している場合は、非開示の希望に関する申出書を作成し、資料に添付する必要があります。

□ 非開示の希望に関する申出書

令和　　年（家）第　　　　　号（期日通知等に書かれた事件番号を書いてください。）

非開示《ひかいじ》希望申出書

（※□の部分は該当箇所にチェックを付けてください。）

家庭裁判所　御中

令和　　年　　月　　日

□申立人／□　　　　氏名　　　　　　　　　　　印

1　本申出書に添付した書面について，非開示とすることを希望します

注　必ずこの書面と非開示を希望する文書をホチキス止めしてください。

注　複数の非開示を希望する文書がある場合には，1文書ごとに申出書を添付してください。

注　資料の一部について非開示を希望する場合には，その部分が分かるようにマーカーで色付けするなどして特定してください。

注　非開示を希望しても，裁判官の判断により開示がされる場合もありますので，あらかじめご了承ください。

2　非開示を希望する理由は，次のとおりです（当てはまる理由にチェックを入れてください。複数でも結構です。）。

□　事件の関係人である未成年者の利益を害するおそれがある。

□　当事者や第三者の私生活・業務の平穏を害するおそれがある。

□　当事者や第三者の私生活についての重大な秘密が明らかにされることにより，その者が社会生活を営むのに著しい支障を生じるおそれがある。

□　当事者や第三者の私生活についての重大な秘密が明らかにされることにより，その者の名誉を著しく害するおそれがある。

□　その他（具体的な理由を記載してください。）

なお、暴力のおそれがあるなどの場合は、裁判所は調停手続にあたり、開始時間をずらしたり、待合室を別の階にしたりといった対応をしてくれます。必要があれば、事情説明書に記載する、事前に書記官に電話するなどの方法で対応を求める旨を伝えておきましょう。

手続きのデジタル化

家事調停手続では、通常訴訟のようにデジタル化は進んでいません。

もっとも、新型コロナの感染防止対策で、手続代理人がいる当事者については、電話による調停手続が簡単に認められるようになりました。

調停の進め方

調停に臨むにあたっての心構えや、調停の進め方について教えてください。

調停の場を生かすために

調停は、話合いにより早期の解決を目指すものです。この点、一方的にこちらの言い分を主張し、譲歩はまったくしないという態度では、早期解決など望むべくもありません。当事者間の話合いで生じていた誤解や無用な不信感を払拭し、良い意味で仕切り直すことができるチャンスととらえて、丁寧にこちらの希望を伝えること、そして譲歩の気持ちを持って進めることが大切だということを、よく依頼者に伝えておく必要があります。

弁護士が心がけるべきこと

依頼者が弁護士に委任する理由の１つに、第三者的な視点で冷静に事案をみることができ、それにより解決へと導くことができるということが挙げられます。審判例等を踏まえて着地点を見据えながら、依頼者にとって一番良いかたちでの解決を実現することができるよう、調停を進めることが求められています。

この点、調停委員にこちらの主張を理解してもらえないようでは、相手方を説得し、希望する解決を実現することは不可能です。調停委員を味方につけようとするくらいの気持ちで丁寧に、主張や資料の提出を行うよう心がけましょう。また、調停委員の意見に対しては素直

- ☞ 代理人に求められているのは、冷静に、第三者的な視点を持って調停に臨むことである。
- ☞ 調停委員に事案を理解してもらえるように主張を整理し、証拠を用意するとともに、「調停委員にこちらの味方になってもらうのだ」という気持ちで対応したい。
- ☞ 依頼者の希望のなかで優先順位の低いものは譲歩することも、事件解決のためには必要である。

に耳を傾け、調停委員に納得してもらえない場合は主張を再検討することも必要でしょう。

ときには思い切った譲歩も必要

調停において、一方の希望がすべて叶えられるようなことはほとんどありません。早期解決のためには、依頼者の希望に優先順位をつけ、順位の低いものは思い切って譲歩するなども必要です。

依頼者が法律的には無理な希望を主張して譲らないこともありますが、そうした場合には、調停委員から依頼者を説得してもらうという方法もあります。

審判・訴訟への移行

離婚調停では、婚姻費用分担調停、面会交流調停が同時に係属する場合、通常、婚姻費用、面会交流についての話合いが先行して行われます。ときに、一方当事者が、面会交流が実施されない限り婚姻費用の支払いに応じないことがあり、婚姻費用、離婚に関する話合いがまったく進まない事態になることがあります。このような場合、労力はかかりますが、婚姻費用、離婚に関する調停は早期に不成立にし、審判・訴訟に移行することを検討する必要があります。

保 全処分

審判前の保全処分について教えてください。

保全処分

離婚調停の申立て後、解決までにはある程度時間がかかります。その間、相手方が財産を処分してしまうことも懸念されますし、子どもが相手方に奪われたときなどにはただちに取り戻すことが要請される場合もあります。

離婚事件において、紛争が解決する前に緊急的に権利を保全する手続きとして、審判前の保全処分、民事保全法による保全処分があります。

審判前の保全処分

審判前の保全処分は、家事事件手続法105条で定められています。離婚が成立していない離婚事件において、審判前の保全処分の対象となるのは、主に婚姻費用の分担と、子の監護（面会交流、子の引渡し、子の監護権者指定・変更）です。これらについては、調停の申立てをすれば、審判前の保全処分を申し立てることができます（同法272条4項)。多くの場合、調停申立てと同時に審判前の保全処分の申立てがなされます。保全処分の申立てを行うのは、本案の審判事件または調停事件が係属している家庭裁判所です。

審判前の保全処分が認められるためには、①本案である審判におい

☞ 審判前の保全処分は、調停の申立てと同時に申し立てることができる。

☞ 離婚成立前の財産分与請求権・養育費請求権の保全は、民事保全法による。

て一定の具体的な法律関係が形成される蓋然性、②保全の必要性を疎明する必要があります。また、場合によっては担保が必要となることもあります。

審判前の保全処分により、仮の地位を求める仮処分が認められると、婚姻費用の仮払いを受けること、また子の引渡しを受けることが可能になります。

民事保全法による保全処分

なお、離婚成立前の財産分与請求、養育費請求に関しては、審判前の保全処分は利用できません（離婚成立後にこれらの調停を申し立てたときは、審判前の保全処分を申し立てることは可能です）。したがって、離婚成立までにこれらの請求権を保全するためには、本案を人事訴訟とする民事保全手続による仮差押命令を得る必要があります。この場合、離婚調停の申立て前であっても保全処分を申し立てることが可能です。

離婚訴訟

離婚訴訟に際しての注意点について教えてください。

要件事実に基づく主張、立証

離婚訴訟では、要件事実に基づく主張、立証が不可欠となります。離婚原因について、暴力等による診断書など、決定的な直接証拠がある場合はよいですが、そうでない場合は、さまざまな間接証拠を積み重ねることで離婚原因を立証していくことになります。

審理の進行

たとえば相手方が離婚原因を争い離婚請求の棄却を求める場合であっても、訴訟においては離婚原因の審理が先行するものではなく、親権・財産分与等の争点についても同時進行で進められます。したがって、裁判所は早期に双方の財産開示を求める傾向にあります。離婚原因がなく、請求棄却を求める場合であっても、財産開示には応じる必要があります。

財産分与に関しては、裁判所は、金融機関に対する調査嘱託申立てを積極的に採用する傾向にあります。したがって、開示された銀行の取引履歴等から、開示されていない口座、保険契約の可能性がある場合は、積極的に金融機関等に対する調査嘱託申立てを行うとよいでしょう。

☞ 要件事実に基づく主張、立証が不可欠である。

☞ 被告として関与する場合、予備的反訴、予備的附帯処分申立ての検討を行おう。

☞ 判決の見込み等を踏まえ、和解による解決も十分に検討しておくことが必要である。

被告として請求棄却を求める場合

被告として請求棄却を求める場合であっても、請求が認容される可能性がある場合は、必要に応じて慰謝料等の支払いを求める予備的反訴、年金分割を求める予備的な附帯処分の申立てを検討すべきです。

和解協議

多くの場合、財産分与の対象となる夫婦の財産が明らかになり、離婚原因等の争点に対する主張立証がおおむねなされた段階で、和解協議が行われます。

和解協議では裁判官の心証がある程度開示される場合もあります。ここで離婚請求が認められる可能性が低いと見込まれる場合、原告として離婚の実現を求めるのであれば、被告が離婚に応じない理由を踏まえ思い切った譲歩案を提示する必要があります。

逆に被告側としては、離婚が認められる見込みが強いときは、判決よりも和解で解決したほうが、早期解決を理由に原告から一定の譲歩を得られるなど、柔軟な解決が可能となります。たとえば、原告名義の自宅の明渡しの時期について一定の期間の猶予を得たり、養育費の金額・終期など被告や子らの離婚後の生活が成り立つよう交渉することも、代理人としてとても重要です。

不履行（婚姻費用・養育費）

義務者が、調停や審判で決定した婚姻費用や養育費の支払いを行わなくなってしまった場合、どのような対応が可能でしょうか？

婚姻費用・養育費が支払われない場合の対応

調停や審判で決定した婚姻費用・養育費を義務者が支払わない場合には、権利者は、「履行勧告」「履行命令」「強制執行」を利用することができます。どの手続きをとるかは権利者が選択することができ、まずは履行勧告をやってみるのも、ただちに強制執行するのも、権利者の自由です。

履行勧告

履行勧告は非常に簡易・迅速な手続きであり、費用もかかりませんので、利用のハードルが低いのが大きなメリットであるといえます。ただし、あくまでも裁判所から履行するよう勧告してもらうものにすぎず、義務者がこれに従わなくても、罰則等のペナルティはありません。相手に一定のプレッシャーを与えることは期待できますが、履行勧告を行っても相手が支払いに応じないということは十分あり得ることであり、その場合には、より強力な回収手続である強制執行手続への移行等も検討する必要があります。

履行勧告の進め方

履行勧告は、調停や審判で養育費の具体的な取決めが行われた場合

☞ 調停や審判で決定した婚姻費用・養育費を義務者が支払わない場合、履行勧告や履行命令を利用することにより、義務者に任意の支払いを促すことができる。申出・申立てにあたっては、調停・審判の調書のコピーを提出する必要がある。

☞ 義務者の任意の支払いが期待できない場合には、地方裁判所に申立てを行って、義務者の財産（不動産・債権等）の差押え等の強制執行手続をとることも可能である。

に限り利用することができます。そのため、履行勧告の申出にあたり、調停調書や審判書のコピーを提出する必要があります。調書をなくしてしまったという場合には、裁判所に申請すれば、正本を再交付してもらえます。

履行勧告の申出は、家庭裁判所に対し、履行勧告申出書を提出して行います。このとき、調停調書・審判書のコピーとともに、相手方が義務を履行していないことがわかる資料を添付します。たとえば、調停調書・審判書で定められた婚姻費用・養育費の振込先口座の通帳のコピーなどが考えられます。

なお、申出は、書面によっても口頭によっても行うことができ、電話によって申出をすることも可能です。

留意点

調停調書・審判書に記載された住所地から相手が転居している場合、住所地の特定が必要です。住民票を取得して特定しましょう。

履行命令

履行命令は、権利者の申立てにより、家庭裁判所から義務者に対し、相当の期限を定めてその履行をすべきことを命ずる制度です。これに義務者が正当な理由なく従わない場合には、10万円以下の過料に処せられます。ペナルティがある分、履行勧告に比べて強い効力があるといえますが、履行命令そのものには直接的な強制力がないため、やはり相手が支払いに応じないことも考えられます。

履行命令の進め方

家庭裁判所に所定の収入印紙および郵券を添えて申立書を提出します。申立て後は、家庭裁判所において義務者の審尋が行われます。

強制執行

履行勧告・履行命令は、支払いを強制する点からは限界がありますので、義務者の任意の支払いが期待できない場合には、義務者の財産（不動産、債権等）を差し押さえてそのなかから支払いを受ける強制執行手続をとることになります。もちろん、差し押さえれば自動的に第三債務者から支払いが行われるというわけではありませんので、権利者自身が第三債務者に対し支払いを求める必要があります。

差押えに際しての優遇

義務者が給与所得者の場合には、その給与債権を差し押さえるのが一般的です。婚姻費用・養育費の場合、他の債権に比べて優遇されています。

まず、他の債権の場合、支払期限が過ぎても支払われていない分（未払い分）についてのみ行うことができますが、婚姻費用・養育費については、未払い分があれば、その分だけに限らず、まだ支払期限が来ていない将来分についても差し押さえることができます。この場合、未払い分については、第三債務者（義務者の勤務先）から差し押さえた範囲内でまとめて受け取ることができますが、将来分については、各支払期限が到来した後に受け取ることになります。なお、給与債権のほか、義務者の家賃収入等、義務者が継続的に支払いを受ける債権についても、同様に将来分についても差し押さえることが可能です。

差し押さえることができる範囲は、通常の場合、原則として給与の4分の1に相当する部分までですが、婚姻費用・養育費については、給与の2分の1に相当する部分まで差し押さえることができます。

強制執行の進め方

強制執行の申立ては、地方裁判所に対して行います。その際、調停調書・審判書・判決書等の正本およびこれらの書面の送達証明書が必要となります。また、確定証明書や執行文が必要となることがあります。

義務者の財産の調査手続

強制執行をする場合、権利者が義務者の財産を調査し、何を差し押さえるかを決める必要があります。差し押さえるべき具体的な財産がわからない場合には、一定の要件（民事執行法197条）を満たせば、義務者による財産開示手続を行うことにより、義務者の具体的な財産を知ることができます。

手続きにあたっては、婚姻費用・養育費の請求権の場合、調停調書・審判書・確定判決・和解調書のいずれかの正本および送達証明書が必要です（審判の場合は、その確定証明書も必要です）。そのほか、「知れている財産に対する強制執行を実施しても、申立人が当該金銭債権の完全な弁済を得られない」ことの疎明が必要とされ、そのために「財産調査結果報告書」の提出を求められます。

申立ての受理後、財産開示手続の実施が決定されると、財産開示期日が指定され、権利者と義務者に呼出しがなされます。義務者は、裁判所から指定された期限までに財産目録を提出したうえで、同期日に出頭し、自分の財産状況を陳述しなければなりません。義務者が正当な理由なく同期日に出頭しなかった場合、同期日において宣誓を拒んだ場合、宣誓した義務者が正当な理由なく陳述を拒み、または、虚偽の陳述をした場合には、６か月以下の懲役または50万円以下の罰金に処せられます（民事執行法213条１項５号・６号）。

なお、権利者の出頭は任意ですが、権利者は財産開示期日において、裁判所の許可を得て、義務者に質問することができます。

第三者からの情報取得手続

裁判所が、権利者からの申立てを受け、養育費等の義務者以外の第三者に対し、義務者に関する情報の提供を命じ、得られた情報を権利者に送付する制度があります。取得できる情報は、①不動産（民事執行法205条）、②給与（同法206条）、③預貯金・振替社債（同法207条）等に限られます。

不動産情報：　登記所から

裁判所の命令により、登記所から義務者名義の不動産の所在地や家屋番号等の情報を取得することができます。

ただし、不動産にかかる情報の取得手続においては、これに先立ち義務者による財産開示手続が実施されていること、その財産開示手続の期日から３年以内に申立てをすることが必要です。

給与（勤務先）情報：　市区町村・日本年金機構等から

養育費や婚姻費用等の扶養に関する請求権の場合、裁判所の命令により、市区町村・日本年金機構等から、義務者に対する給料の支給者（義務者の勤務先）に関する情報を取得することができます。

不動産にかかる情報と同様、この申立てに先立ち義務者による財産開示手続が実施されていること、その財産開示手続の期日から３年以内に申立てをすることが必要です。

預貯金情報、株式・国債情報：　金融機関・振替機関等から

裁判所の命令により、銀行等金融機関・振替機関等から、義務者の有する預貯金口座の情報（支店名・口座番号・残高）、義務者名

義の上場株式・国債等の銘柄や数等の情報を取得することができます。

この申立てについては、義務者による財産開示手続を実施しておく必要はありません。

□ 財産開示手続申立書

財　産　開　示　手　続　申　立　書

東京地方裁判所民事第２１部御中

令和　　年　月　　日

申立人

印

電　話　－　　　－
ＦＡＸ　－　　　－
(担当　　　　)

当 事 者　　別紙目録記載のとおり
請求債権　　別紙目録記載のとおり

申立人は，債務者に対し，別紙請求債権目録記載の執行力のある債務名義の正本に記載された請求債権を有しているが，債務者がその支払をせず，下記の要件に該当するので，債務者について財産開示手続の実施を求める。

記

１ 民事執行法１９７条１項の要件（該当する□に✔を記入してください。）

□ 強制執行又は担保権の実行における配当等の手続（本件申立ての日より６月以上前に終了したものを除く。）において，金銭債権の完全な弁済を得ることができなかった（１号）。

□ 知れている財産に対する強制執行を実施しても，金銭債権の完全な弁済を得られない（２号）。

２ 民事執行法１９７条３項の要件（該当する□に✔を記入してください。）

債務者が，本件申立ての日前３年以内に財産開示期日においてその財産について陳述したことを

□ 知らない。

□ 知っている。

（「知っている。」にチェックした場合は，次のいずれかにチェックする。）

□ 債務者が当該財産開示期日において，一部の財産を開示しなかった（１号）。

□ 債務者が当該財産開示期日の後に新たに財産を取得した（２号）。

(取得した財産　　　　　　　　　　　)

□ 当該財産開示期日の後に債務者と使用者との雇用関係が終了した（３号）。

(添付書類)（該当する□に✔を記入してください。）

□ 執行力のある債務名義の正本　　　通
□ 同送達証明書　　　通
□ 同確定証明書　　　通
□ 資格証明書　　　通
□ 住民票　　　通

1

不履行（面会交流）

離婚時に面会交流について取決めを行いましたが、親権者が非協力的です。取決めどおりに面会交流を行うための方法について教えてください。

履行勧告

調停、審判、高等裁判所の決定、判決によって面会交流が認められていた場合に限ってではありますが、その不履行に対して、非監護親《ひかんごしん》は家庭裁判所に対し履行状況の調査や履行勧告を申し出ることができます（家事事件手続法289条）。もっとも、これにより監護親《かんごしん》に履行を促す効果を期待できるものの、法律上の強制力があるものではないため、実効性は不十分だといわざるを得ないのが実情です。

間接強制

面会交流はその性質上、直接強制になじみませんが、間接強制により自発的な債務の履行を促すことは可能です。間接強制とは、執行裁判所が債務（この場合は面会交流の実施・協力）を履行しない債務者（この場合は監護親）に対し、一定の期間内に履行しなければその債務とは別に一定額の間接強制金を債権者（この場合は非監護親）に支払うべきことを警告することで、債務者に心理的圧迫を加えるものです。

ただし、面会交流において間接強制を行おうとする場合、給付の特定性が認められる場合でなければ間接強制を命じることはできません。この点につき、最高裁平成25年3月28日決定は、一般論として、

☞ 調停等によって面会交流の方法を決めた場合、履行勧告の方法をとり得る。

☞ 給付の特定性が認められれば、間接強制の方法が考えられる。

☞ 面会交流の妨害に対して、慰謝料請求を行う余地もある。

審判において面会交流の日時または頻度、各回の面会交流時間の長さ、子の引渡しの方法等が具体的に定められているなどして監護親がすべき給付の特定に欠けるところがないといえる場合、間接強制決定を行うことが可能であるとしています。

なお、実効性に乏しいといわれることも少なくない前述の「履行勧告」ですが、この間接強制を実現するための１つのステップとして利用し得る、という意義があります。現時点で間接強制を行うに足りるだけの給付の特定性が認められない場合に、履行勧告の手続きを経て相手方が履行勧告に従わなかったことを記録として残しておくことで、将来、再度面会交流審判を申し立てた際にこちらに有利な証拠とすることができます。

慰謝料請求

監護親が意図的に面会交流を妨害しているために面会交流が実現できないというのであれば、民法上の債務不履行（415条１項）や不法行為（709条）に当たり、慰謝料の請求が認められる余地もあります（債務不履行責任を認めたものとして、東京高裁平成22年３月３日判決）。この方法も、面会交流それ自体を強制できるものではありませんが、監護親に対し、交流の妨害に関して金銭的な請求をする（あるいはその予告をする）ことで、妨害をやめるよう促す効果が期待できるのではないかと思われます。

3

離婚原因

離婚訴訟において離婚が認められるためには、
民法 770 条 1 項が定める裁判上の離婚原因に該当する
事情があること、そしてそれを立証できることが必要です。
これがない場合、協議・調停で離婚を成立させることができなければ
離婚することはできないということであり、重要な要素となります。
ここでは、問題となりやすい事情を取り上げて、
その考え方と、訴訟を見据えた立証等のポイントについて示します。

性格の不一致

話合いでは解決ができずに離婚訴訟に至った場合、「性格の不一致」という理由では離婚はどうしても難しいでしょうか？

裁判上の離婚原因

「性格の不一致」は、生活をともにし夫婦関係を営む上では重大な問題であり、当事者にとっては離婚を決意するに十分な問題です。しかし、離婚訴訟において、これを離婚原因として離婚が認められるかは別問題です。離婚訴訟で離婚が認められるためには、次に掲げる裁判上の離婚原因（民法770条1項各号）に該当する事情があることが必要だからです。

- □ 配偶者に不貞行為があったとき（1号）
- □ 配偶者から悪意で遺棄されたとき（2号）
- □ 配偶者の生死が3年以上明らかでないとき（3号）
- □ 配偶者が強度の精神病にかかり、回復の見込みがないとき（4号）
- □ その他婚姻を継続し難い重大な事由があるとき（5号）

「性格の不一致」と離婚訴訟

「性格の不一致」は、裁判上の離婚原因中、「その他婚姻を継続し難い重大な事由があるとき」（民法770条1項5号）に該当する可能性はあります。

- ☞ 離婚訴訟になった場合、立証の困難性を考えると、「性格の不一致」は裁判上の離婚原因に当たらない可能性が高く、難しいといわざるを得ない。
- ☞ ただし、依頼者の「性格の不一致」との言葉のなかに暴言・モラハラが日常的に行われているという意味が含まれていることもある。この場合、立証は比較的容易となる。

ただし、立証の点で問題があります。たとえば、夫からの暴力であれば、診断書を証拠として提出することで、「婚姻を継続し難い重大な事由」があることを立証することは比較的容易です。しかし、性格の不一致を示す事実は、家庭内での日常の出来事の積み重ねであり、これを客観的な資料で立証することは非常に困難です。

また、仮に性格の不一致を示す個々の事実を立証できたとしても、一方が離婚に反対している状況で、性格の不一致を示す個々の事実が「婚姻を継続し難い重大な事由に当たる」との認定を受けることは極めて困難であるといわざるを得ません。

したがって、性格の不一致だけでは裁判上の離婚原因には当たらない可能性が高いと考えたほうがよいでしょう。性格が合わないために離婚しようとする場合、裁判での離婚ができない以上、協議・調停での離婚を目指すことになります。

陰にDVやモラハラが隠れていることも……

もっとも、依頼者が「自分は性格の不一致のために離婚したいのだ」と認識していたとしても、よくよく事情を聴いてみると、暴力や暴言を伴うDVやモラハラが行われていることがわかったというケースもあります。この場合、「婚姻を継続し難い重大な事由」の立証は比較的容易となります。このようなケースがあることも踏まえて、依頼者から事実関係を丁寧に聴き取ることが不可欠です。

強度の精神病

「夫は、3年前に会社の人間関係が原因でうつ病となり仕事も辞めてしまった。以来、働きもせず、理不尽に怒鳴りつけられるようなことが続いている」との相談を受けました。「強度の精神病」を理由に離婚は認められるでしょうか？

「強度の精神病」の考え方

裁判上の離婚原因（民法770条1項）として、「強度の精神病にかかり、回復の見込みがないとき」が定められています（4号）。この「強度の精神病」とは、夫婦の相互協力扶助義務（同法752条）を果たすことができない程度の精神障害と考えられています。また、「回復の見込みがないとき」については、数年単位で継続的治療をしても、夫婦の協力義務を果たし得る程度に至るまで回復する見込みがないことと解されています。

裁判例で「強度の精神病」に当たるとされるものは統合失調症が多く、うつ病やうつ状態でこれに当たるとされることはあまりないと考えたほうがよいでしょう。

なお、「強度の精神病」に当たれば、それでただちに離婚が認められるわけではありません。「病者の今後の療養、生活等についてできるかぎりの具体的方途を講じ、ある程度において、前途に、その方途の見込のついた上でなければ、ただちに婚姻関係を廃絶することは不相当」として、民法770条2項（「裁判所は前項第1号から第4号までに掲げる事由がある場合であっても、一切の事情を考慮して婚姻の継続を相当と認めるときは、離婚の請求を棄却することができる。」）を適用して離婚請求を棄却した最高裁判例があります（昭和33年7月25日判決）。

☞ 民法770条1項4号「強度の精神病にかかり、回復の見込みがないとき」には該当しないが、同項5号「婚姻を継続し難い重大な事由」に当たるとして離婚が認められる可能性がある。

「婚姻を継続し難い重大な事由」への該当

精神疾患が「強度の精神病」に当たらないとしても、「婚姻を継続し難い重大な事由」(民法770条1項5号)に該当する可能性はあります。

こちらに該当することを主張する場合、「強度の精神病」に比肩する程度に重症であること、また、発症してから長期間が経過して治癒する見込みがないことといった事情が必要となるでしょう。また、離婚が認められるためには、やはり精神疾患に罹患した配偶者の離婚後の療養・生活に、ある程度の見込みが立っていることも必要になります。

設問のケースの検討

設問のケースでは、うつ病の具体的な症状や程度は不明ですが、発症してから約3年と期間が短いことからすれば、うつ病に罹患したことのみを離婚原因として離婚が認められる可能性は低いと考えられます。

もっとも、妻に対する暴言や勤労意欲の欠如がみられるところであり、これらも含め多くの事情から夫婦としての共同生活の実体を欠くようになり、その回復の見込みがまったくない状態に至っていると認められれば、「婚姻を継続し難い重大な事由」があるとして離婚が認められる可能性があります。

D V

「妻から、人格を否定する発言や、友人と会うことを嫌うなどの過度の干渉、精神的な拘束などを受けている。もう限界なので離婚したい」との相談を受けました。離婚は認められるでしょうか？

DVとは

DV（ドメスティック・バイオレンス、家庭内暴力）の用語について、明確な定義はありませんが、日本では「配偶者や恋人など親密な関係にある、またはあった者から振るわれる暴力」という意味で使用されることが多いです。殴る・蹴るなどの身体的暴力はもちろん、精神的な暴力（一方的に自分の価値観を押しつけ、違う意見を述べると声を荒げる、自分の意見を受け入れるまで何時間も責め続けたり長期間無視し続けたりする、相手の行動に過度に干渉するなど）も含まれます。DV は、以前は夫から妻に対してなされるものと思われていましたが、近時は逆に、夫が妻からの DV を理由に離婚を求めるケースも増えてきているように感じます。

DV を受けた配偶者は「自分が我慢すればよいのだから」と、相手の言いなりになっているようなケースも多く、さらには自分が DV を受けているという認識さえない場合もあります。

DVの立証

DV による被害者配偶者の身体的・精神的ダメージは甚大なものであることから、DV は、裁判上の離婚原因（民法 770 条 1 項 5 号「婚姻を継続し難い重大な事由がある」）に当たる可能性があります。

☞ いわゆるDVは、民法770条1項5号「婚姻を継続し難い重大な事由」に当たる可能性がある。

☞ ポイントはDVの事実の立証である。丁寧に聴取りを行うとともに、依頼者に指示して証拠資料を収集してもらおう。

しかし、身体的な暴力を伴う場合は診断書を提出することで容易に立証できますが、身体的な暴力を伴わない場合については、あくまでも家庭内での出来事であることから、立証が難しいことがあります。

DVの立証資料としては、次のようなものが考えられます。これらを収集するよう、依頼者に指示する必要があります。

☐ 会話の録音　☐ 動画　☐ 被害者の日記
☐ 壊された家具・食器等の写真　☐ 警察の相談記録
☐（被害者配偶者がうつ病等を発症している場合）診断書
☐（生活費を渡されていないような場合）通帳

聴取時の留意点

DVは、事実の積み重ねによって主張、立証しなければなりませんが、依頼者に「自分はDVを受けている」という認識がない場合、これまで受けてきたDVについて明確に記憶していないこともあります。時間をかけてこれまでの生活状況を思い出してもらい、丁寧に聴取りを行う必要があります。

暴力を伴うDVが行われており、依頼者が今も配偶者と同居しているなど、依頼者の安全が危ぶまれるケースでは、緊急時一時保護施設（シェルター）の利用や別居の検討などの提案も行いましょう。

有責配偶者からの離婚請求

浮気をした側からの離婚請求は、絶対に認められないのでしょうか？

有責配偶者からの離婚請求

有責配偶者とは、主な離婚原因（不貞行為をした、浮気をしたなど）をつくった側の配偶者を指します。原則として、有責配偶者からの離婚請求は、信義誠実の原則に反するとして認められません。

ただし、離婚請求に至るまでの状況や、相手方配偶者が被る離婚後の影響などを総合的に考慮して、有責配偶者からの離婚請求が認められることもあります。

☞ 裁判例は、有責配偶者からの離婚請求について、以下の要件で認容している。
①夫婦の別居が相当の長期間に及んでいること
②夫婦間に未成熟の子がいないこと
③離婚請求を認容することが著しく社会正義に反するといえるような特段の事情がないこと

有責配偶者からの離婚請求を認める基準

有責配偶者からの離婚請求について、最高裁昭和62年9月2日判決は、離婚請求は信義誠実の原則に照らしても認容され得るものであることを要するとしたうえで、すでに夫婦関係が破綻している場合、「有責配偶者からされた離婚請求であっても、夫婦の別居が両当事者の年齢及び同居期間との対比において相当の長期間に及び（※①）、その間に未成熟の子が存在しない（※②）場合には、相手方配偶者が離婚により精神的・社会的・経済的に極めて苛酷な状態におかれる等離婚請求を認容することが著しく社会正義に反するといえるような特段の事情の認められない限り（※③）、当該請求は、有責配偶者からの請求であるとの一事をもって許されないとすることはできないものと解するのが相当である」と判断しました。

ここで示された3つの要件が、有責配偶者からの離婚請求を認容するか否かを判断する際の、現在実務で用いられる基準となっています。

【有責配偶者からの離婚請求認容の判断基準】

①長期間の別居

②未成熟子の不存在

③特段の事情の不存在

判断の枠組み

裁判例をみると、前記の３要件（①長期間の別居、②未成熟子の不存在、③特段の事情の不存在）をすべて満たしていなくても有責配偶者からの離婚請求を認めたものも多数あります。そこでは、離婚請求を認容することが信義誠実の原則に反しないか否かが、総合的に判断されています。

長期間の別居

別居期間の長さについては、事情により総合的に判断されていますが、未成熟の子がいない場合「８年前後」がひとつの目安となると考えてよいでしょう。

未成熟子の不存在

経済的に自立していない未成熟の子がいる場合であっても、別居開始から十分な婚姻費用を支払い続け、相手方配偶者と子の住居を確保しているなど、離婚請求を認容しても相手方配偶者が経済的・精神的・社会的に苛酷な状況におかれることはないと認められるケースで、離婚請求を認容した裁判例があります（最高裁平成６年２月８日判決）。

一方、子が成人している場合であっても重度の障害があり、経済的に自立しておらず、かつ、相手方配偶者が子の介護のために就労できないようなケースでは、有責配偶者からの離婚請求は棄却されています。

特段の事情の不存在

「特段の事情」については、経済的事情が重視される傾向にありますが、あわせて、相手方配偶者が精神的に苛酷な状況に陥る可能性が考慮されることもあります。「特段の事情がある」とされる場合とは、たとえば、離婚請求された相手方配偶者に障害を持つ子が残されるような場合が挙げられるでしょう。

なお、夫婦関係が破綻した後に男女関係が生じた場合については、そもそも有責配偶者には当たりません。

4

婚姻費用

婚姻費用の額の算出は簡易算定表によるのが実務ですが、
そのまま当てはめることができないケースは少なくなく、
そのような場合には弁護士が計算を行って示すことになります。
実務で用いられている標準算定方式による計算方法と、
事案ごとの考え方、婚姻費用の額の算出の仕方をまとめました。

婚姻費用の算定

婚姻費用分担金の算定の方法について教えてください。

標準算定方式と算定表

婚姻費用を原理的な計算方法で求めようとすると、大変複雑で、手間もかかります。そこで実務では、これを簡略化した「標準算定方式」による計算が行われています。その計算結果を早見表としてまとめたものが「簡易算定表」であり、婚姻費用を支払う側（義務者）と婚姻費用の支払いを受ける側（権利者者）の年収額（公租賦課等を控除する前の額面）を収入として当てはめて使用します。

現在実務に定着しているのは、令和元年に司法研修所が編集・公表した「改定標準算定方式（算定表）」であり、標準的・平均的な状況を想定した次のケースが示されています。

□ 夫婦のみ
□ 子１人（子０～14歳）
□ 子１人（子15歳以上）
□ 子２人（第１子および第２子０～14歳）
□ 子２人（第１子15歳以上、第２子０～14歳）
□ 子２人（第１子および第２子15歳以上）
□ 子３人（第１子、第２子および第３子０～14歳）
□ 子３人（第１子15歳以上、第２子および第３子０～14歳）
□ 子３人（第１子および第２子15歳以上、第３子０～14歳）
□ 子３人（第１子、第２子および第３子15歳以上）

☞ 婚姻費用分担金を算定する方法は複雑であるため、実務では、簡易算定表が使われることが多い。この簡易算定表は、計算方法を簡略化した標準算定方式による計算結果を早見表にしたものである。

☞ 婚姻費用分担金は、権利者・義務者双方の基礎収入を算出し、生活費指数をもとに計算式（標準算定方式）に当てはめて算出する。

婚姻費用の算定方法

算定表にそのまま当てはめることができないケースも少なくありません。そのような場合には、もととなっている標準算定方式により、自分で計算を行う必要があります。

STEP 1

権利者・義務者それぞれの基礎収入を計算する

＝総収入×基礎収入割合

STEP 2

権利者の必要額を計算する

＝（義務者の基礎収入＋権利者の基礎収入）×（権利者側の生活費指数合計）／（全体の生活費指数合計）

STEP 3

義務者が支払う婚姻費用分担額（月額）を計算する

＝（権利者の必要額－権利者の基礎収入）÷12

基礎収入割合

基礎収入とは、総収入から公租公課・職業費・特別経費（住居に要する費用、保険医療費等）を控除した、「純粋に生活に充てられる収入」

をいいます。通常、総収入に、収入に応じた基礎収入割合を乗じて計算されます。

基礎収入割合は、次のとおりです（司法研修所編『養育費、婚姻費用の算定に関する実証的研究』（法曹会・令和２年）35頁）。

給与所得者	
収入	割合
0～75万円	54%
～100万円	50%
～125万円	46%
～175万円	44%
～275万円	43%
～525万円	42%
～725万円	41%
～1325万円	40%
～1475万円	39%
～2000万円	38%

自営業者	
収入	割合
0～66万円	61%
～82万円	60%
～98万円	59%
～256万円	58%
～349万円	57%
～392万円	56%
～496万円	55%
～563万円	54%
～784万円	53%
～942万円	52%
～1046万円	51%
～1179万円	50%
～1482万円	49%
～1567万円	48%

生活費指数

生活費指数とは、義務者の収入(婚姻費用算定においては世帯年収)をどのように按分すべきかを示す指数です。これを計算式に当てはめて、権利者に割り振られるべき婚姻費用を計算します。

生活費指数は、次のとおりです(前掲『養育費、婚姻費用の算定に関する実証的研究』47頁)。

立　場	年　齢	指　数
親	ー	100
子	0～14歳	62
	15～19歳	85

自営業者の収入

自営業者の場合、婚姻費用算定の基礎となる総収入はどのように認定するのですか？

自営業者の収入の認定

自営業者の場合、一般的に、確定申告書の「課税される所得金額」に基づいて総収入を認定します。

ただし、「課税される所得金額」には、税法上、種々の観点から控除がなされているものの、現実に支出されていない費用が含まれています。そこで、婚姻費用の算出において自営業者の収入を認定するにあたっては、確定申告書において所得から控除される金額のうち、現実に支出されていない費用等を「課税される所得金額」に加算して総収入を認定する必要があります。

加算する費用として、具体的には次のものがあります（司法研修所編『養育費、婚姻費用の算定に関する実証的研究』（法曹会・令和２年）32 頁）。

□ 雑損控除	□ 配偶者特別控除
□ 寡婦、寡夫控除	□ 扶養控除
□ 勤労学生、障碍者控除	□ 基礎控除
□ 配偶者控除	□ 青色申告特別控除
□ 専従者給与額の合計額（現実に支払いがなされていない場合）	

また、算定表や標準算定方式で、すでに標準的な額について特別経費として考慮されているもの（「医療費控除」、「生命保険料控除」、

☞ **確定申告書による。ただし、確定申告書の「課税される所得金額」に、現実に支出がない控除項目等を加算する必要がある。**

「地震保険料控除」）も加算する必要があります。

さらに、現実に支出があったとしても、婚姻費用の支払いに優先すべきではないとして、「小規模企業共済等掛金控除」、「寄付金控除」は加算するのが相当と考えられています。

留意点

経費の水増しが疑われる場合

税額を抑えるために、経費が水増しされていることもあります。疑いがあるときは、所得税青色申告決算書等を検証する必要があります。

収入に大きな変動がある場合

売上の変動等で年によって収入に大きな変動がある場合には、直近3年程度の平均によることが一般的です。

減価償却費の取扱い

「減価償却費」の取扱いは、よく問題となるところです。現実に事業用資産の取得に要した負債の弁済等をしている場合でない限り、現実に支出を要するものではないので、減価償却費を所得金額に加算するのが相当とされています（大阪高裁平成18年6月23日判決、大阪高裁平成18年10月13日判決）。

給与収入と事業収入がある場合

相手方には、給与収入だけでなく事業による収入もあります。この場合、どのように婚姻費用を算定すればよいのでしょうか？

給与収入・事業収入がある場合の考え方

給与収入と事業による収入がある場合、合算して総収入を算出する必要があります。一方を他方に換算して求める方法と、それぞれ基礎収入を算出して合算する方法がありますが、換算して一本化し算定表を利用するのが簡便です。この場合、従たる収入のほうを主たる収入のほうに換算するのが相当でしょう。

たとえば、義務者の給与収入が800万円、事業による収入が400万円であるというケースについて考えてみましょう。算定表の年収軸を見ると、従たる収入である事業による収入400万円は、おおむね給与収入550万円に換算されることがわかります。

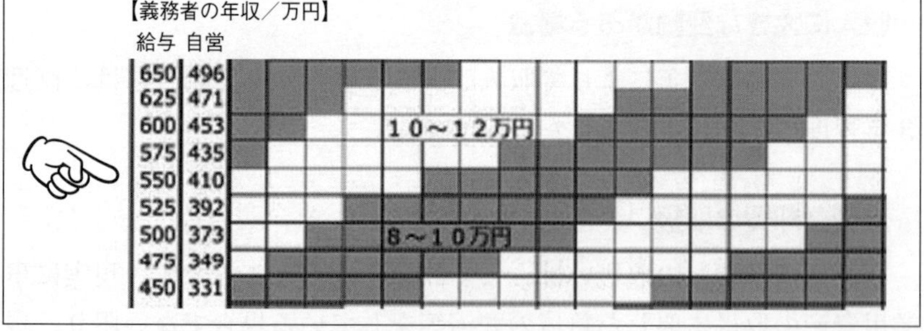

よってこのケースでは、義務者の給与収入が1350万円（＝800万円＋550万円）である事案だとして算定表に当てはめ、婚姻費用を算定することになります。

☞ 次の２つの方法がある。
①給与収入額か自営収入額（事業所得額）の一方を他方に換算したうえで合算し、その合算額について算定表を利用する
②給与所得・事業所得それぞれに基礎収入を算出し、合算したものを標準算定方式に当てはめる

このとき、次の点に注意してください。

①社会保険料は控除しません。確定申告書中の社会保険料（厚生年金保険料や健康保険組合保険料）については、給与収入から源泉徴収されているので事業所得から控除すべきではないからです。

②確定申告上、現実に支払われていない場合の専従者給与控除額、青色申告控除額を加算します。

留意点

審判になった場合の算定方法

協議・調停段階では、前記の簡便な方法により算出した金額で調整することになると考えられ、一般的には上記方法で婚姻費用を算定すればよいと考えます。しかし、審判になった場合には、給与所得と事業所得、各々に対応する基礎収入割合を乗じて基礎収入を算出し、合算した額を標準算定方式に当てはめることが多いようです。

事業所得の種類に応じた調整

事業所得の控除項目の控除の是非の検討に加え、事業所得の種類に応じて基礎収入割合を調整する場合があります。たとえば、利子収入等職業費を要しない種類の収入に関しては、基礎収入割合を大きくすることが考えられます。

義務者が無収入となった場合

義務者が仕事を辞め、現在は無収入となっていることがわかりました。この場合、婚姻費用を請求することはできないのでしょうか？

年収の認定にあたっての考え方

婚姻費用の支払義務者から退職等により収入がなくなったとの主張がされた場合、義務者の年収をどのように認定するべきか（ゼロとせざるを得ないのか）が問題となります。

この点、家裁実務では、義務者が退職して無収入になったとしても、それにより婚姻費用の支払義務がなくなるとは考えないことが多いようです。義務者に稼働能力（働こうと思えば働くことができる能力）がある場合には、一定程度の収入（賃金センサスから計算した金額や、退職前の賃金額から一定程度減らした金額など）があることを前提とした婚姻費用額が認定されます。

経緯・事情に応じた対応

「無収入になった」との主張がされた場合、まずは義務者が無収入となった経緯・事情を確認し、それに応じた対応を検討しましょう。

支払いを免れることを企図している場合の対応

めったにあることではありませんが、退職すべき理由もないのに、婚姻費用の支払いを免れるために退職するような者もいます。このような場合、退職による収入減少や無収入化を婚姻費用に反映させるこ

☞　家裁実務では、退職して無収入になったとしても、婚姻費用の支払義務がなくなるとは考えないことが多い。

☞　稼働能力がある場合には、一定程度の収入があることを前提とした婚姻費用額が認定される。

とは、信義則上相当ではありません。「退職後も、退職前と同程度の収入に基づき婚姻費用を算定すべきである」と主張すべきです。

養育費の事案ですが、先立つ審判で養育費の支払いを命じられた義務者が、その支払いをしないまま、強制執行を免れるために勤務先を退職し、養育費の免除を求めた事案において、「勤務を続けていれば得べかりし収入に基づき、養育料を算定するのが相当である」とし、退職前の年収と同額の収入があるものとして、義務者の免除申立てを却下した審判例（福岡家裁平成18年1月18日審判）があります。

再就職の可能性の程度に応じた対応

上記のような事情でなく退職した場合には、再就職の可能性の程度に応じて考えます。たとえば、求人需要の高い技術や資格を有する者は、比較的近いうちに同程度の収入を得ることができる職に就くことができると考えられる場合には、退職前の収入と同程度の収入があるとして扱います（参考：大阪高裁平成22年3月3日決定）。

技術・資格はなくとも特に再就職の支障となるような事情がなく、年齢的にも健康面においても再就職が可能と考えられる場合、特に比較的近いうちに再就職が可能な場合には、賃金センサスをもとに年収が算定されるのが一般的です。

通院や服薬をしており健康状態にある程度問題がある場合も、就労が困難と判断されない限り、一定程度の就労は可能な状態であるとして稼働能力を認め、義務者の年齢・学歴・職歴等を勘案のうえ収入が認定されることが多くあります。

義務者に債務がある場合

相手方（夫）が、借金返済を理由に支払いに応じません。婚姻費用の請求にあたり、義務者の借金は考慮しなければならないものなのでしょうか？

債務がある場合の婚姻費用の算定

原則として、婚姻費用の算定において、支払義務者の債務は考慮されません。債務の支払いを扶養義務に優先させることは相当ではないと判断されています（東京・大阪養育費等研究会「簡易迅速な養育費等の算定を目指して」判例タイムズ 1111 号 285 頁）。

各種ローンの取扱い

義務者の個人的なカードローン、消費者金融等からの借金、親からの借金等は、扶養義務に優先させることが相当な債務とはいえず、一般的に考慮されません。その他、判断に迷いがちな各種ローンについては、次のように整理されています。

住宅ローン／修繕費・増築費用

住宅ローン等についても、原則として、扶養義務に優先して支払うべき債務とはいえません。その債務の支払いは資産形成にかかるものであるから財産分与で清算等を議論すべきとして、婚姻費用算定においては考慮しないとするのが一般的です。ただし、当該住宅を権利者が利用している場合、権利者の収入に見合う標準的住居関係費額を算定表上の額から控除する等の方法で考慮される場合があります。

☞ 原則として義務者の借金（債務）は考慮されない。ただし、当該借金が夫婦の共同生活に関する債務であり、夫婦が分担することが相当といえる場合には、考慮されることがある。

自動車ローン

自動車ローンも、原則として、扶養義務に優先して支払うべき債務とはいえず、婚姻費用の算定において考慮されません。ただし、当該自動車を権利者が使用している場合に、標準算定方式に基づく婚姻費用額から当該自動車のローン月額相当額を控除した例があります（仙台高裁平成16年2月25日決定）。

教育ローン

教育ローンは、子のために負担した債務であることから、父母双方が（通常は収入比に応じて）負担すべきものとして、婚姻費用から権利者が負担すべき額を控除することが相当とされる場合があります。

婚姻生活維持のため負担した債務がある場合

生活費のために借り入れた場合も、債務処理の問題であることから、原則的には財産分与において処理すべき問題とされます。ただし、婚姻生活を維持するためにやむを得ず負担した債務については、①義務者が当該債務を弁済しており、義務者の当該借入れにより権利者も恩恵を受けたといえる場合や、②離婚、財産分与が近い将来予定されていない場合には、一定程度、考慮されることもあります。特に調停においては、義務者の納得を得るために考慮することがあります。

請求者の有責性が明白な場合

たとえば妻の不貞行為が原因で婚姻関係が破綻した場合、妻は夫に対し婚姻費用を請求することはできないという理解でよろしいでしょうか？

有責配偶者からの婚姻費用請求の可否

一般的にいえば、自ら不貞行為により婚姻関係破綻の原因をつくった者等、有責配偶者からの婚姻費用請求は、信義則に反しその請求は権利濫用であるので認められないといえます。もっとも、有責性が認められる場合であっても、請求者が子を監護している場合には、子の生活費等に相当する分は認められるのが一般的です（東京家裁平成20年7月31日審判、大阪高裁平成28年3月17日決定等）。

審判に移行した場合の留意点

ただし、不貞事実等請求者の有責性に争いがあり、調停では決着がつかずに審判に移行したという場合には注意が必要です。

不貞事実等を証する客観的証拠があり有責性が明白な場合を除き、裁判所は、有責性の審理には深入りしない傾向にあります。換言すると、有責性を立証する証拠が必ずしも十分ではない場合には、婚姻費用の請求は認められるか、ないしは、ある程度減額したうえで請求自体は認められる傾向にあります。婚姻費用が権利者の日々の生活に関わるものであるため迅速に審理することが求められていること、離婚原因にも関わるため有責性については訴訟で審理するのが相当と考えられていることによるものだと思われます。

- ☞ 有責性が明白な場合は、信義則上、妻からの婚姻費用請求は認められない。
- ☞ ただし、妻が子を監護している場合には、子の監護費用相当分は認められることが多い。

婚姻費用請求者の有責性認定

離婚訴訟、または慰謝料請求訴訟において不貞行為の有無が争点となる場合、原告側から当該事実を立証する証拠（ホテルに出入りしている写真や録音、メール等でのやりとりなど）の提出がなされたとしても、被告側から、たとえば「ここに２人で行ったことは認めるが、性行為は行っていない、家庭事情の相談をしていただけだ」とか、あるいは「そもそも当該問題とされている時期にはすでに婚姻関係が破綻していたから、違法性はない」との反論がなされることが少なくありません。最終的には裁判官が事実の存否について判断することになりますが、不貞行為の有無（肉体関係の有無、さらには婚姻関係が破綻していたかどうか違法性の有無）の審理には、かなりの時間を要することが想定されます。

他方、婚姻費用は請求者の日々の生活に関わるものであることから、その額の決定には迅速性が求められます。このような事情から、婚姻費用の審判手続においては、不貞行為について反論の余地がないほどの明らかな証拠（たとえば、路上でキス・抱擁等あった後ラブホテルに入っていく写真であれば肉体関係の否定は難しいでしょう。さらに別居直前の家族旅行の写真等があれば、婚姻関係が破綻していたという反論も難しいでしょう）の提出がない限り、裁判所は請求者の不貞行為の審理に深入りせず、別居にあたっての請求者の有責性は問題にしないものと思われます。

財産の持出しがある場合

依頼者（妻）は別居の際、夫名義の口座から100万円を引き出していました。夫は、すでに生活費を渡していることになるとして、婚姻費用は支払わないと言っています。支払わせることは難しいでしょうか？

持ち出された財産がある場合の婚姻費用請求

権利者が別居に際して、義務者名義の預金等財産（夫婦共有財産）を持ち出したとしても、それは財産分与において清算を検討すべき問題であり、原則として、婚姻費用額の算定にあたり考慮すべきものではないとされています。

預金の持出しを考慮した裁判例

ただし、預金の持出しを考慮した裁判例もあります。

札幌高裁平成16年5月31日決定は、権利者（妻）が持ち出した預金額が明白であり（550万円）、これを婚姻費用に充当することについて義務者（夫）に異存がなく、その財産を権利者が消費可能な状態に置いたままという事案において、持出額が別居からの婚姻費用の分担額を優に賄うに足りるものであり、このうえさらに婚姻費用の負担を命じることは義務者に酷だとして、財産分与時の清算は認めつつも、離婚または別居状態解消までの間に持ち出した預金が婚姻費用の支払いに充てられた場合は、その額を考慮して清算すれば足りるとしました（もっとも、持出額の2分の1は妻自身の持分と評価されますから、婚姻費用の支払いとして扱われるのは夫の持分に当たる2分の1についてのみです）。このように、事案によっては異なる判断がされる場合もあり得ます。

☞ 別居時に持ち出した財産は財産分与において清算すべきものであり、婚姻費用の前払いには当たらない。婚姻費用の請求は可能である。

未払婚姻費用の清算

婚姻費用調停が成立する場合、未払婚姻費用の支払期限については、「調停成立日の月末あるいは翌月末に一括払い」とするのが一般的です。しかし、その額がある程度高額となった場合、一括での支払いが難しいとして、義務者から離婚調停での財産分与において清算したいと希望されることもあります。

しかし、筆者は、次の理由から、基本的にはこれに応じていません。

① そもそも、当該決定した婚姻費用はすでに支払われていてしかるべきだったものである。当該未払いにより請求者の生計が損なわれていたという事実のほうが重要であり、その棄損分は速やかに回復されてしかるべきである。

② 離婚調停で財産分与の話を進めていく過程において、さまざまな争点と譲歩を余儀なくされる事柄が発生する可能性があるところ、当該未払婚姻費用についても財産分与での譲歩内容と混濁され、結果として未払婚姻費用が有耶無耶になってしまう可能性が否定できない。

未払婚姻費用について財産分与での清算事項とすることについては、慎重であるべきと考えます。もっとも、義務者に一括での支払いを求めることが酷だという経済的事情があると理解できる場合には、現実的な回数での分割払いを検討することはあり得るかと思います。

義務者が住宅ローンを支払っている場合

依頼者（妻）は、別居中の夫が住宅ローンを支払っている自宅に住んでいます。この場合、婚姻費用はどのようになりますか？

住宅ローンの取扱い

資産形成という面からみると、別居後の住宅ローンの支払いは、財産分与において検討すべき問題ということになります。しかし、当該住宅に権利者が居住し、居住していない義務者が住宅ローンを支払っている場合には、標準算定方式に基づく婚姻費用額（または算定表上の婚姻費用額）から権利者の総収入に対応する標準的な住居関係費を控除する等、一定額を控除するのが一般的です。

これは、標準算定方式に基づく婚姻費用額（または算定表上の婚姻費用額）算出において、権利者の住居費が特別経費として織込み済みであるところ、権利者がその支払いを免れ、その分を義務者が負担しているにもかかわらずそれが考慮されないとすれば、義務者が二重に住居費を負担するということになってしまうからです（ただし、自ら別居した義務者が不貞行為者等有責配偶者である場合には、義務者の住宅ローン負担は考慮されないこともあります）。

婚姻費用額から控除する額

もっとも、標準算定方式に基づく婚姻費用額から控除する額は、実際の住宅ローン支払額ではありません。実際の住宅ローンの支払額は、標準的な住居関係費より高額である場合が多く、全額を控除する

☞ 標準算定方式に基づく婚姻費用額（または算定表上の婚姻費用額）から妻（権利者）の総収入に対応する標準的な住居関係費を控除する等、一定額が控除される。

と、資産形成を生活保持義務に優先させる結果となり、婚姻費用額が不当に低額になってしまうからです。

そこで、実務では、①実際のローン支払額から、標準算定方式に基づく婚姻費用額（または算定表上の婚姻費用額）において考慮済みの標準的な住居費を差し引いた額を上限として、特別経費として考慮する方法、②標準算定方式に基づく婚姻費用額（または算定表上の婚姻費用額）から権利者の総収入に対応する標準的な住居関係費（☞本書113頁参照）を控除する方法がとられています。②の方法が簡便であり、調停でも多く採用されているようです。

義務者が家賃を負担している場合

依頼者（夫）は、別居中の妻が今も居住する自宅アパートの家賃を支払っています。妻に支払うべき婚姻費用額はどのようになりますか？

賃貸家賃を支払う場合の取扱い

賃貸家賃の支払いは、資産形成という性質がないこと、家賃の負担が大きすぎるのであれば安い物件を探すことも比較的容易であることから、権利者が義務者の居住する物件の家賃を支払っている場合、標準算定方式に基づく婚姻費用額（または算定表上の婚姻費用額）から、家賃全額が控除されることになります。

もっとも、双方の生活状況や事案によっては、控除額を合理的範囲に抑える必要が生じることもあります。たとえば、権利者の収入に比して家賃の占める割合が大きく、標準算定方式に基づく婚姻費用額（または算定表上の婚姻費用額）から家賃全額を差し引いた金額では権利者が最低限の生活も維持できないような場合で、かつ、権利者が別の物件に転居することができない合理的理由がある場合等、家賃全額を差し引くことが権利者に無理を強いるような場合には、控除額を減らすことを検討する必要があるでしょう。

☞ 原則として、夫（義務者）が負担している家賃が標準算定方式に基づく婚姻費用額（または算定表上の婚姻費用額）から控除される。

標準的な住居関係費

標準的な住居関係費は、現在のところ、司法研修所の「平成 25 ～ 29 年 特別経費実収入比の平均値」（『養育費、婚姻費用の算定に関する実証的研究』（法曹会・令和 2 年）31 頁）に基づく金額となっています。

（単位：円）

特別経費	平均	年間収入階級						
項目		200万円未満	250万円未満	300万円未満	350万円未満	400万円未満	450万円未満	500万円未満
実収入（注1）	525,962	148,113	231,167	255,873	289,452	308,539	350,865	374,178
住居関係費（注2）	56,666	22,247	26,630	35,586	34,812	37,455	45,284	46,562
保健医療	11,338	4,278	7,078	8,859	8,626	8,804	9,000	9,839
保険掛金	24,807	3,673	8,339	10,456	13,167	13,421	15,320	16,753
合計	92,810	30,198	42,047	54,900	56,606	59,681	69,605	73,154
特別経費実収入比	17.65%	20.39%	18.19%	21.46%	19.56%	19.34%	19.84%	19.55%

特別経費	年間収入階級							
項目	550万円未満	600万円未満	650万円未満	700万円未満	750万円未満	800万円未満	900万円未満	1000万円未満
実収入（注1）	402,647	436,318	479,157	508,814	539,588	572,175	620,802	689,347
住居関係費（注2）	46,659	50,890	55,167	58,376	63,085	64,056	64,469	68,332
保健医療	9,888	10,481	10,638	10,752	11,227	11,704	12,566	13,722
保険掛金	19,055	20,979	21,570	24,475	25,426	26,429	31,494	35,889
合計	75,602	82,351	87,374	93,603	99,738	102,190	108,528	117,943
特別経費実収入比	18.78%	18.87%	18.23%	18.40%	18.48%	17.86%	17.48%	17.11%

特別経費	年間収入階級		
項目	1250万円未満	1500万円未満	1500万円以上
実収入（注1）	794,133	953,392	1,162,658
住居関係費（注2）	78,065	78,903	91,554
保健医療	15,452	16,156	16,891
保険掛金	37,813	46,678	50,486
合計	131,330	141,737	158,931
特別経費実収入比	16.54%	14.87%	13.67%

（注1）実収入とは、一般に言われる税込み収入である。
（注2）住居関係費とは、「住居」の額に「土地家屋に関する借金返済」の額を加えたものである。

子が私立学校に通っている場合

婚姻費用の請求にあたり、子どもが通う私立学校（中学校・高等学校）の学費は請求できますか？ 学習塾代や習いごとの費用についてはどうでしょうか？

標準的な教育費

標準算定方式（算定表）に基づく婚姻費用額には、公立学校に通う子を持つ世帯の平均年収に対応した教育費相当額が織込み済みです（この織込み済みの教育費を、以下「標準的な教育費」といいます）。子どもが通っている学校が私立学校である場合、また子どもを学習塾・習いごと等に通わせている場合には、標準的な教育費を超える費用が発生するのが一般的であり、この負担をどうするかがしばしば問題となります。

標準的な教育費の額は、次のとおりです（司法研修所編『養育費、婚姻費用の算定に関する実証的研究』（法曹会・令和２年）46 頁）。

子の年齢	標準的な教育費（年間）	月額換算（円未満四捨五入）
0歳〜14歳	13万1379円	1万948円
15歳〜	25万9342円	2万1612円

☞ 標準算定方式（算定表）に基づく婚姻費用額には、公立学校の教育費が織込み済みである。

☞ それを超える私立学校の学費その他学習塾代・習いごとの費用の負担については、義務者の承諾がある場合、その収入・学歴・地位等を考慮して各事案に応じて検討される。

私立学校の学費の加算の可否

基本的には、①義務者が、明示または黙示により加算を承諾した場合、②義務者の収入・学歴・地位等からその教育費負担が不合理でない場合には、標準的な教育費に加算する方向で検討することになります（松本哲泓『婚姻費用・養育費の算定－裁判官の視点にみる算定の実務－』（新日本法規出版・平成30年）126頁）。

したがって、同居中から子がすでに当該私立学校（中学校・高等学校）に通っていた場合等は、原則的に加算されることとなります。また、中学校から系列の高等学校への進学がエスカレーター式に予定されている場合も、通常、義務者の明示または黙示の承諾があると考えられますので、当該高等学校の学費についても加算すべきことになるでしょう。

これに対し、公立中学校に通っていた子が私立の高等学校へ進学する場合については、義務者の明示または黙示の承諾がない限り、加算されないことになります。もっとも、義務者の承諾がない場合であっても、子の希望や、子が当該私立高等学校に行かざるを得ない事情（公立の高等学校受験に失敗したなど）を勘案のうえ、義務者の収入・学歴・地位等からその学費負担が不合理でない場合には、加算する方向で検討されます。

加算する場合の計算方法

義務者が負担すべき加算額を算出するにあたっては、一般的に、私立学校の学費から標準的な教育費の額を控除した額を、当事者双方の基礎収入の割合で按分する方法がよく用いられます。

【事例】

夫（義務者）：会社員、年収600万円

妻（権利者）：会社員、年収400万円

権利者と生活する子：16歳、私立高等学校に在学
（年間授業料100万円）

①私立高等学校の年間授業料額から標準的な教育費の額を控除する

＝100万円－25万9342円

＝74万658円　≒74万円

②夫婦それぞれの基礎収入を計算する

夫：600万円（総収入）×0.41（基礎収入割合）＝246万円

妻：400万円（総収入）×0.42（基礎収入割合）＝168万円

③夫が負担すべき加算額（月額）を計算する

＝74万円×246万円／（246万円＋168万円）（按分割合）÷12

＝3万6643円　≒3万7000円

このケースでは、義務者（夫）は、標準算定方式（算定表）に基づく婚姻費用額（ここでは約８万3000円）に３万7000円を加算して権利者（妻）に支払うことになります。

学習塾代・習いごと代の取扱い

同居中から通っていた学習塾や習いごとについては、これを続けることが当事者の経済状況等から不合理であるといえる事情がない限り、その費用を分担する義務があるといえます。別居後に通い始めた場合であっても、当該学習塾や習いごとに通わせるべき必要性、義務者の収入・学歴・地位等を勘案して、社会通念上、義務者に相応の負担を求めても不合理でないといえる場合には、分担の対象とすべきでしょう。

特に、子が受験を控えている場合や、学習が遅れぎみで授業についていくことが難しく、補助的に塾で学習させる必要が相応に認められるような場合には、調停等においても、相応の金額の範囲で義務者に負担させることがめずらしくありません。

双方が監護養育する場合

別居中の夫婦それぞれが子らを監護している場合、婚姻費用はどのように算出するのですか？

標準算定方式による算定

算定表は限られたケースのみを想定して作られたものなので、そのまま当てはめることができないことも少なくありません。このような場合には、算定表のもととなっている標準算定方式により算定することになります。

設問のケースでは、権利者と権利者が監護する子に割り振られるべき婚姻費用を算出する必要があります。

（義務者の基礎収入＋権利者の基礎収入）×（権利者と権利者が監護する子の生活費指数）／（義務者と義務者が監護する子の生活費指数＋権利者と権利者が監護する子の生活費指数）

これにより算出される権利者と権利者が監護する子に割り振られるべき婚姻費用額から、権利者の基礎収入を差し引いた金額が、義務者が権利者に支払うべき婚姻費用額（分担額）となります。

（権利者と権利者が監護する子に割り振られるべき婚姻費用額－権利者の基礎収入）÷12（月額）

☞ 算定表は、権利者のみが子を監護養育することを想定したものなので、権利者・義務者双方が各々監護する子がいる場合には、算定表を用いて婚姻費用の金額を算定することができない。

☞ 算定表を用いることができない場合には、算定表のもととなっている標準算定方式により算定することになる。

具体例

【事例】

夫（義務者）：会社員、年収800万円、長男（16歳）を監護

妻（権利者）：パート、年収120万円、長女（12歳）を監護

①夫婦それぞれの基礎収入を計算する（＝総収入×基礎収入割合）

夫：800万円×0.4＝320万円

妻：120万円×0.46＝55万2000円

②妻と妻が監護する子に割り振られるべき婚姻費用を計算する

＝（夫の基礎収入＋妻の基礎収入）×（妻と妻が監護する子の生活費指数）／（夫と夫が監護する子の生活費指数＋妻と妻が監護する子の生活費指数）

＝（320万円＋55万2000円）×（100＋62）／（100＋85＋100＋62）

＝175万1654円　≒175万2000円

③婚姻費用月額を計算する

＝（②－妻の基礎収入）÷12

＝（175万2000円－55万2000円）÷12

＝10万円

第三者との子がいる場合

①夫が前妻との子の養育費を支払っている場合、夫に対する婚姻費用請求額はどのように認定されますか？
②夫に認知した子がいるが、認知した子に養育費が支払われているか明らかでない場合はどうなるでしょうか？ なお、認知した子の母親には収入があります。

権利者とのあいだの子以外の子がいる場合

算定表において想定されているのは、義務者の子は権利者と義務者のあいだの子のみである場合です。たとえば義務者である夫に前妻とのあいだの子がいるような場合には、算定表に当てはめて婚姻費用の金額を算定することができませんので、標準算定方式に基づいて自分で計算を行う必要があります。

義務者が養育費を支払っている場合

前妻との子の養育費を支払っている場合には、養育費の額を義務者の基礎収入から控除し、その額を義務者の基礎収入（これを「修正基礎収入」といいます）として計算を行います。

STEP 1

義務者の修正基礎収入を計算する
＝総収入×基礎収入割合－前妻の子の養育費(年額)

STEP 2

義務者から権利者世帯に割り振られるべき婚姻費用の額を計算する

☞ 義務者が前妻とのあいだの子の養育費を支払っている場合や、別居後に認知した子がいるような場合には、算定表に当てはめて婚姻費用の金額を算定することができない。

☞ 標準算定方式により、義務者の基礎収入のうち権利者世帯に割り振られるべき婚姻費用の差額によって婚姻費用分担額を算出する。その際、前妻との子に対する養育費支払義務を考慮しなければならない。

＝義務者の修正基礎収入×（権利者の生活費指数＋夫婦間の子の生活費指数）／（権利者の生活費指数＋義務者の生活費指数＋夫婦間の子の生活費指数）

STEP3

権利者から義務者に割り振られるべき婚姻費用の額を計算する

＝権利者の基礎収入×義務者の生活費指数／（権利者の生活費指数＋義務者の生活費指数＋夫婦間の子の生活費指数）

STEP4

義務者が権利者に対して負担すべき婚姻費用分担額を計算する

＝STEP２の額－STEP３の額

具体的には、次のように計算されます。

【事例】

夫（義務者）：会社員、年収800万円

妻（権利者）：パート、年収120万円

夫婦間の子（権利者が監護する子）：第１子８歳、第２子３歳

前妻との子：１名16歳

前妻に支払っている養育費額：月額８万円

①夫の修正基礎収入を計算する

＝総収入×基礎収入割合－前妻との子の養育費（年額）

＝800万円×0.4－（８万円×12）　＝224万円

②妻の基礎収入を計算する

＝120万円×0.46　＝55万2000円

③夫から妻世帯に割り振られるべき婚姻費用を計算する

＝夫の修正基礎収入×（妻の生活費指数＋夫婦間の子の生活費指数）／（妻の生活費指数＋夫の生活費指数＋夫婦間の子の生活費指数）

＝224万円×（100＋62＋62）／（100＋100＋62＋62）

＝154万8642円　≒154万9000円

④妻から夫に割り振られるべき婚姻費用を計算する

＝妻の基礎収入×夫の生活費指数／（妻の生活費指数＋夫の生活費指数＋夫婦間の子の生活費指数）

＝55万2000円×100／（100＋100＋62＋62）

＝17万370円　≒17万円

⑤夫が負担すべき婚姻費用分担額（月額）を計算する

＝（③−④）÷12

＝11万4917円　≒11万5000円

義務者が養育費を支払っていない場合

前記は、義務者が実際に養育費を支払っておりその金額も明らかな場合ですが、義務者から認知した子に養育費が支払われていない場合には、認知した子の生活費指数を義務者と認知した子の母親の基礎収入比率によって按分した指数（認知した子の按分した生活費指数）を用います。

認知した子の生活費指数×義務者の基礎収入／（義務者の基礎収入＋認知した子の母親の基礎収入）

義務者から権利者に支払うべき婚姻費用の分担額は、次のように計算されます。

STEP 1

義務者から権利者世帯に割り振られるべき婚姻費用を計算する
＝義務者の基礎収入×（権利者の生活費指数＋夫婦間の子の生活費指数）／（権利者の生活費指数＋義務者の生活費指数＋夫婦間の子の生活費指数＋認知した子の按分した生活費指数）

STEP 2

権利者から義務者に割り振られるべき婚姻費用を計算する
＝権利者の基礎収入×義務者の生活費指数／（権利者の生活費指数＋義務者の生活費指数＋夫婦間の子の生活費指数）

STEP 3

義務者が負担すべき婚姻費用分担額（月額）を計算する
＝（STEP 1の額－STEP 2の額）÷12

具体的に計算してみましょう。

【事例】
夫（義務者）：会社員、年収800万円(基礎収入320万円)
妻（権利者）：パート、年収120万円(基礎収入55万2000円)
夫婦間の子（権利者が監護する子）：第１子８歳、第２子３歳
認知した子の母親：会社員、年収300万円(基礎収入126万円)
認知した子：１名16歳

①認知した子の按分した生活費指数を計算する
＝認知した子の生活費指数×夫の基礎収入／(夫の基礎収入＋認知した子の母親の基礎収入)
＝85×320万円／(320万円＋126万円)
≒60.9

②夫から妻世帯に割り振られるべき婚姻費用を計算する
＝夫の基礎収入×(妻の生活費指数＋夫婦間の子の生活費指数)／(夫の生活費指数＋妻の生活費指数＋夫婦間の子の生活費指数＋認知した子の按分した生活費指数)
＝320万円×(100＋62＋62)／(100＋100＋62＋62＋60.9)
＝186万2302円　≒186万2000円

③妻から夫に割り振られるべき婚姻費用を計算する
＝妻の基礎収入×夫の生活費指数／(妻の生活費指数＋夫の生活費指数＋夫婦間の子の生活費指数)
＝55万2000円×100／(100＋100＋62＋62)
＝17万370円　≒17万円

④夫が負担すべき婚姻費用分担額(月額)を計算する
＝(②－③)÷12
＝14万1000円

なお、認知した子の母親の年収が不明の場合には、事案に応じて、認知した子の生活費指数をどの程度調整するか、検討する必要があります。

5

親権・監護権

未成年の子どもがいる当事者の離婚トラブルでは、
「どちらが子どもと一緒に暮らすのか」
「どちらが子どもの面倒をみるのか」は極めて大きな関心事です。
気持ちの上では双方譲れないものがあっても
どちらかに決めなければならないという場面に直面した依頼者を、
弁護士としてどのようにサポートできるのか、
親権の取得、監護者の指定や、いったん決まった親権者の変更といった
手続きに即して解説していきます。

親権取得のポイント

離婚調停で当事者双方が親権を争っています。親権を取得するためには、どのような主張を行うことが有効ですか？

根本的な視点

親権（民法818条1項）とは、未成年の子を健全な一人前の社会人として育成すべく養育保護する職分であり、そのために親に認められた特殊な法的地位といわれています（於保不二雄・中川淳編集『新版注釈民法〈25〉　親族(5)』改訂版(有斐閣・平成16年)53頁)。つまり、親権者は子どもを健全な一人前の社会人として育成する責任・義務を負う立場なのですから、親権を取得するためには、いかに「このような責任・義務を、配偶者よりも自分のほうがよりよく果たすことができる」ということを主張するかが重要となります。なお、民法820条は「親権を行う者は、子の利益のために子の監護及び教育をする権利を有し、義務を負う」と定めていますから、自分のほうがよりよく責任・義務を果たすことができる、というのはすなわち、「自分が親権を取得したほうが、より『子の利益』にかなう」ということを意味することになるでしょう。

親権取得のための主張のポイントとなる事情

親権を取得する際に具体的にどのような事情を主張することがポイントとなるのかは、裁判例において親権者指定変更の判断基準とされる事情（父母の側の事情／子の側の事情）が参考になります（松原正

☞ 子どもを健全な一人前の社会人として育成する責任・義務を、対立する配偶者よりも自分のほうがよりよく果たすことができる、ということをいかにアピールするかが重要となる。

☞ 父母の側と子の側の双方の事情や、監護の継続性の原則、母親優先の原則、子の意思の尊重の原則、兄弟姉妹不分離の原則等を意識して主張を展開しよう。

明「家裁における子の親権者・監護権者を定める基準」判例タイムズ747号305頁、清水節「親権者の指定・変更の手続とその基準」同1100号155頁)。

【父母の側の事情】

□ 監護に対する意欲と能力
□ 健康状態
□ 精神的・経済的家庭環境（資産・収入・職業・住居・生活態度）
□ 居住・教育環境
□ 子に対する愛情の程度
□ 実家の資産
□ 家族・友人等の援助の可能性
□ 従来の監護状況

【子の側の事情】

□ 年齢
□ 性別
□ 兄弟姉妹関係
□ 心身の発育状況
□ 従来の環境への適応状況
□ 環境の変化への適応性
□ 子の意向
□ 父母および親族との結びつきの程度

裁判例上の基準・視点

前記諸事情を主張していくにあたり、親権者の指定変更に際して裁判例に現れた次の基準を意識すべきといえます（前掲・判例タイムズ1100号155頁～参照）。ただ、いずれも絶対のものではなく、個別具体的事情によって修正される場合もあります。

- □ 監護の継続性の原則
- □ 母親優先の原則
- □ 子の意思の尊重の原則
- □ 兄弟姉妹不分離の原則

監護の継続性の原則

これまで一方の親が子を実際に監護してきた場合、子の養育者を変更することは、子への心理的不安定をもたらす危険があるため、子に対する遺棄等の特別な事情がない限り、現実の監護者を優先させるべきとする考え方です。

母親優先の原則

乳幼児については、母親の監護と愛情が重要であるため、母親の監護を優先させるべきであるとする考え方です。

子の意思の尊重の原則

家庭裁判所は、親権者指定についての判断において、子の陳述の聴取、家庭裁判所調査官による調査その他の適切な方法により、子の意思を把握するように努め、審判をするにあたり、子の年齢および発達の程度に応じて、その意思を考慮しなければならないとされ（家事事件手続法65条)、また15歳以上の子については、その陳述を聴かねばならないとされています（同法169条2項)。このように、親権者を決めるにあたっては、できる限り子の意思が尊重されなければならないと考えられています。

兄弟姉妹不分離の原則

兄弟姉妹は、同じ親から生まれ共に育ったものどうし、精神的情緒的に強いつながりを有しています。しかし、兄弟姉妹を別の親権者が監護することになると、兄弟姉妹が離ればなれにされて育てられることになり、このことが子どもの精神面に悪影響を及ぼす可能性があります。このため、親権者を定めるにあたって、兄弟姉妹は基本的には分離すべきではないと考えられています。

離婚における有責性の影響について

不貞など離婚においては有責性が認められる場合に、これが親権者の適格性の判断に影響するかについて、かつて親権者として不適当であるとした審判例もありました。しかし、養育者として適当かという観点から考えた場合、有責性があったからといって必ずしも親権が否定されるわけではないと考えられます。

監護開始の態様による影響について

これまで相当の長期間子どもと同居して監護を継続し子どもが安定していたという事実があった場合でも、子どもを違法に奪取して監護を開始したという事情があった場合は、これが親権者としての適格性に影響するかが問題となります。このような場合には、親権を認めることは違法行為を助長する結果となることから、マイナスに評価されるとした裁判例があります（仙台高裁秋田支部平成17年6月2日決定参照)。

監護者指定と子の引渡し

離婚に向けての協議を行っていたところ、依頼者（妻）の夫が突然、子どもを連れて家を出て行ってしまいました。子どもを連れ戻すために代理人として検討すべきことを教えてください。

監護者指定と子の引渡しの調停・審判

離婚していない夫婦の場合、親権はまだ共同で持っている状態ですから、子どもを連れ戻したいのであれば、依頼者を「監護者」に指定してもらい、子の引渡しを求めるという手続きをとることが考えられます。

監護者指定の請求は、話合いの余地があれば調停で進めることが考えられますが、設問のケースのように配偶者が無断で子を連れ去った事案ではそれもなかなか難しいでしょう。調停での解決ができない場合には、審判手続で行うことになります（民法766条２項・３項、家事事件手続法別表２の３項の類推適用）。なお、監護者指定の調停と子の引渡しの調停は同時に申し立てることができ、できるだけ早く子の引渡しを求めたいときには同時に申立てを行うことが有用です。

ここで監護者として認められると、その後の離婚の手続きで親権者の指定を求める際に、事実上親権者として認められやすくなることが期待できますから、離婚後の親権を取得したいのであれば、この段階で監護者として認められるよう尽力すべきです。

人身保護請求

人権侵害状況から身体の自由を回復するために行われる、人身保護

☞ **監護者指定と子の引渡しの調停・審判を検討しよう。**

☞ **重大な虐待があるなど緊急性が高い場合には、人身保護請求を行うことも考えられる。**

請求（人身保護法２条）という制度があります。人身保護請求とは、法律上正当な手続きによらないで身体の自由を拘束されている者がその救済を求めるものであり、裁判所は、決定で拘束者に対し人身保護命令を発し、かつ、判決で釈放その他適当であると認める処分を行うことになります。この手続きにより子の引渡しを求めることも考えられるところです。

人身保護請求の要件は、おおむね次のように定められています（人身保護法２条１項、同規則４条）。

- □ 身体の自由を拘束されていること
- □ 拘束が法律上正当な手続きによらないことが顕著であること
- □ 他に救済の目的を達するのに適当な方法がないか、あるとしてもその方法では相当の期間内に救済の目的が達せられないことが明白であること

共同親権を有する夫婦間で人身保護請求を行う場合、「拘束の違法性が顕著である」といえるためには、拘束している親の監護が子の幸福に反することが明白であることを要しますので（最高裁平成５年10月19日判決）、重大な虐待があるなどの限定的なケースでなければこの手続きを使うことはできませんが、監護者指定と子の引渡しの審判手続が奏功しなかった場合や、緊急性が高い場合には検討の余地があるかと思われます。

監護権取得のポイント

依頼者（妻）は不貞行為を理由に離婚を求められています。子を連れて家を出たところ、夫から監護者指定および子の引渡しを求める審判が申し立てられました。代理人として主張すべきポイントについて教えてください。

監護者としての適格性の判断基準

監護者指定、子の引渡しの調停・審判において、依頼者が監護者として認められるためには、依頼者のほうが子の監護者として適格であることが認められなければなりません。別居中の、婚姻関係が破綻した後の争いですから、裁判所におけるその適格性の判断基準は親権者指定の場合と同様となると考えられます（中山直子「子の引渡しの判断基準」判例タイムズ1100号182頁）。したがって、代理人としては、親権を得るために行う場合と同様、監護の継続性の原則、母親優先の原則、子の意思の尊重の原則、兄弟姉妹不分離の原則等を意識しつつ、父母側と子ども側、両方の事情を検討して主張することになります（☞本書128頁～参照）。

不貞の事実が適格性判断に及ぼす影響

監護者指定・子の引渡しの請求を受けている依頼者に不貞の事実があったとしても、そのような離婚における有責性は、必ずしも監護者としての適格性を否定するものではありません（☞本書131頁参照）。この点はきちんと主張しましょう。

☞ 親権を争う場合と同様、相手方よりも子の監護者として適格であることを主張する。

☞ 不貞などの有責性は、子の監護者としての適格性には必ずしも影響しないことをきちんと主張しよう。

□ 適格性の判断基準とされる事情

【父母の側の事情】

- □ 監護に対する意欲と能力
- □ 健康状態
- □ 精神的・経済的家庭環境（資産・収入・職業・住居・生活態度）
- □ 居住・教育環境
- □ 子に対する愛情の程度
- □ 実家の資産
- □ 家族・友人等の援助の可能性
- □ 従来の監護状況

【子の側の事情】

- □ 年齢
- □ 性別
- □ 兄弟姉妹関係
- □ 心身の発育状況
- □ 従来の環境への適応状況
- □ 環境の変化への適応性
- □ 子の意向
- □ 父母および親族との結びつきの程度

家裁調査官による調査

離婚調停において親権を争っているところ、次回期日から家庭裁判所調査官が同席することになりました。調査官による調査が入るということですが、具体的にはどのようなことが行われるのでしょうか？

家裁調査官による調停期日立会いと調査

親権が争われている調停では、親権者を決するために、心理学・教育学等の行動科学の専門家である家庭裁判所調査官が調査（家事事件手続法258条1項、58条1項）を行い、その専門的知見を審理に生かすことが実務上行われています。調査官は調停における事実の調査を行うに先立って調停の期日に立ち会いますが（同法258条1項、59条1項・2項）、その際に具体的な調査内容について予告がなされることが多いです。

家裁調査官による調査の内容

家庭裁判所調査官による事実の調査にはさまざまなものがありますが、親権者を決するにあたっては、「子の監護状況」や「子の意向」の調査等がよく行われます。「子の監護状況」の調査命令がなされた場合に、そのなかに「子の意向」の把握が含まれることもあります。

この調査は、家族を取り巻く状況を漫然と調査するのではなく、それぞれの事案に即して、争点となっている事項や結論を左右する事項など、当該紛争の解決において重要なポイントとなっている事項はどこなのかを意識したうえで、ある程度、的を絞って行われますから、その点は代理人としても意識すべきでしょう。

☞ 親権を争っている場合は、親・子への面接や関係機関への確認等により、「子の監護状況」や「子の意向」の調査等が行われる。

☞ 家庭裁判所調査官の調査報告書に記載された意見は、審理において重要視される。

「子の監護状況」についての調査

「子の監護状況」については、具体的には、親との面接、子どもとの面接、関係機関調査等により調査されます（近藤ルミ子・西口元編著『離婚をめぐる親権・監護権の実務』（学陽書房・平成28年）参照）。いずれの調査も、事案に応じて、タイミングや順序、回数等を柔軟に検討したうえで実施されます。

親との面接

親との面接は、多くの場合、事前に家庭裁判所調査官に対して親から資料や陳述書を提出させ、それらを検討してから実施されます。時間は30分から1時間程度です。

子どもとの面接

子どもとの面接はほとんどの場合、家庭訪問のかたちで行われます。このとき、子ども本人による発言内容や態度だけが見られているのではなく、むしろ同席している親の態度や周囲の環境などといった事柄も重視されていることに注意すべきです。

面接が家庭裁判所で行われることもあります。この場合、面接室のほか、子どもが低年齢の場合など事案によってはいわゆる児童室も使われます。児童室は絵本やおもちゃ、箱庭等が置かれて“遊び場”のようなリラックスできる雰囲気になっており、ここでは子どもの意向を把握するというより、自分で自分の気持ちを言葉で表現することが難しい子どもの観察（笑顔があるかなど）を行うことが重要となります。

関係機関調査

保育所や幼稚園、小中学校等の関係機関に、子どもの様子や心身の状態について、書面による照会や訪問調査が行われることもあります。子どもが低年齢の場合、子どもの意思の把握よりも、保育園・幼稚園や小学校等への調査が優先されることもあります。

また、父母が精神科医療機関にかかっている事実がある場合、その主治医にも調査が実施されます。

「子の意向」の調査

「子の意向」の調査命令が単独でなされるのは、少なくとも小学生以上の子どもが対象である場合が多いと考えられます。低年齢の子どもは自分で自分の気持ちを言葉で表現することが難しいことから、子どもの意向を把握するというより、むしろ子どもの観察を行うことが重要となるからです。

「子の意向」の調査は、子どもの年齢に応じて具体的調査方法が変わってきます。低年齢の場合、家庭訪問などで子どもの観察を行うほか、ある程度会話が可能な年齢であれば、調査官が子どもと遊びながら会話すること等によって調査を行います。小学校低学年になると、まず親と一緒に面接した後、親と分離して面接する形式をとることも多いようです。小学校高学年以上の子どもについては、裁判所（面談室や、小学生であれば先述のいわゆる児童室）で、親と分離して子どものみで面接を行う場合が多くなってきます。

調査報告書

調査した内容は、調査報告書にまとめられます。この報告書は、裁判所に申請を行うと、裁判官が許可した部分のみ、閲覧・謄写をすることができるようになります。

調査報告書に記載されるのは、次のような内容です。

- □ 子どもの意思
- □ 子どもの様子から読み取れる心理
- □ 同居時の育児への参加割合
- □ 双方の監護能力や、養育環境の問題の有無
- □ 双方の子どもへの接し方に対する問題性の有無
- □ 現在の監護状況と、その状況を変える必要性の有無
- □ 双方の養育に対する考え
- □ 学校行事等への関与状況
- □ 子どもの出席や提出物の状況　　など

さらに、これらを踏まえて親権者をいずれにすべきか、家庭裁判所調査官としての意見も記載されます。この意見が、調停の審理においても重要視されるのが通常です。

調査官調査への準備・対応

離婚調停を行っていたところ、家庭裁判所による調査が入ることになりました。当事者の代理人として、どのように準備をし、対応すればよいか、教えてください。

立会期日での準備

家庭裁判所調査官は、期日の立会いの際に、どのような調査を行おうとしているのか、調査対象や調査期間について説明してくれることが多いです。代理人としては、この説明をしっかり聴き、疑問点があれば質問するなどして、どの点に注目して調査がなされるのか把握して調査に備えることが重要でしょう。

逆に、代理人として、当該事案ではどのような点が両当事者の対立する点であり注目されるべき点と考えているのか、また、調査にあたって調査対象に含めてほしいこと（たとえば、事案によっては通常は調査対象にならないような習いごとの先生など、特定の関係者が重要な情報を持っていたりします）等、調査にあたっての要望があればぜひ伝えておくべきです。代理人の立場としては、もちろん、依頼者である一方当事者に有利な情報を調査官が取得することを期待するわけですが、中立な立場であるとはいえ調査官も、事実の解明のために必要と認めた調査は行ってくれます。

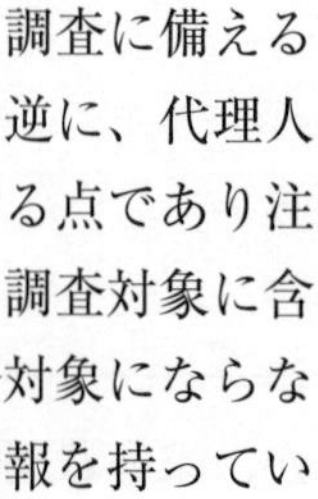

☞ まずは、調査官がその事案のどのような点に着目して、何を調査しようとしているのかを把握しよう。こちらから調査にあたっての要望があれば、積極的に伝えたい。

☞ 面接等への同席は控えるよう求められるのが通常だが、依頼者に事前に面接時の心構えとしてアドバイスを行うことは有効である。

☞ 調査報告書は審理に大きな影響を与えるため、必ず内容を確認して、今後の手続きに備えよう。

調査に対応する準備

資料の準備

調査においては、学校の通知表の写し、幼稚園の連絡帳、母子手帳、住宅の間取り図等、子どものこれまでの監護状況を裏づける手持ちの資料の提出を求められることが通常です。すみやかに提出できるよう、依頼者に準備しておいてもらいましょう。

親の陳述書の作成

親との面接に先立ち、親の陳述書の提出を求められることが多いです。家庭裁判所ごとに求める書式が異なっているため、当該事件の係属する家庭裁判所に確認のうえ、陳述書を作成します。

面接に対する準備

家庭裁判所調査官による面接等は、ありのままの実態を把握するため、代理人ではなく依頼者等当事者本人や関係者本人に対して行われますので、事前準備として代理人の出る幕はないようにも思われます。依頼者が面接を受ける際も、代理人は同席を控えるよう求められるのが通常です。

しかしながら、どのような着眼点で調査が行われるのか(たとえば、子どもが同居している状況で家庭訪問を行う場合、子どもの服装が気候に合っているかも観察されています)、どういった要素が依頼者の不利に働き得るのか(たとえば、「特段の合理的な理由がないのに、自分の感情的な都合で相手方との面会交流を妨害しようとしている」等)、事前に注意や情報提供を行うことで、面接時に調査官が抱く印象が依頼者に有利に変わることはあり得ます。面接を受ける者に対して代理人から実態を偽るよう指示することは厳に慎むべきですが、面接時の心構えとして必要に応じたアドバイスを行うことは有効であると思われます。

なお、子どもに家庭裁判所調査官の訪問を伝える際、「ママの知り合い」であるなどといった説明をすると、調査官が中立な立場ではないかのような誤解を与えるので、子どもに対しても、家庭裁判所の職員であることはきちんと説明すべきです。

調査内容の開示について

家庭裁判所調査官による調査後は調査報告書が作成されますが、これは、非開示事由(家事事件手続法47条4項)がない限り、相手方も含めて当事者は閲覧謄写することが可能になります。子どもの生活の平穏を害するおそれがあるなどの理由で非開示を求める事項が含まれる場合には、そのことをあらかじめ家庭裁判所に伝え、「非開示の希望に関する申出書」といった裁判所所定の書面を提出することになります。

ただし、非開示の申出を行ったとしても、非開示とするかどうかは最終的には裁判官が判断することですので、必ずしも非開示にされるとは限らないことは留意しましょう。

なお、陳述書については、原則として開示される扱いとなっているようです。

調査後に行うべきこと

調査報告書の内容は調停委員や裁判官に大変尊重され、その後の審理にも大きな影響を及ぼします。ですから、調査報告書が出来上がったとの知らせを受けたら、必ず閲覧謄写により内容を確認し、調査官が依頼者に不利な誤解をしていないか、誤った認識を抱いていないかをチェックする必要があります。万一、何らかの事情で誤解等が生じているようであれば、期日において、それを解消するための主張を行うことも検討します（ただ、その場合も、調査官は決して対立すべき相手ではないのですから、調査官が行動科学の専門家として中立な立場で下した意見や結論について、批判的に異議を述べるべきではないと思われます）。

いずれにしても、調査報告書は、「裁判所は、このような認識を前提にして今後の審理を進めていくつもりなのだ」、「ではどのように戦略を立てようか」という見通しを立てる上で大いに重視すべき貴重な資料といえます。熟読して、以後の手続きの準備に活かしましょう。

親権と監護権の分属

親権で夫ともめている妻から、親権者は夫、監護者は妻とすることはできないかと相談を受けました。どのようにアドバイスすればよいでしょうか？

親権と監護権の分属が問題となる場面

離婚に際して親権者をいずれにするかが争点のメインとなり、なかなか決着がつかないことがあります。このような場合に、紛争の解決を急ぐあまり、妥協案として親権と監護権を分属させようという提案がなされることもあります。そして、たとえば父親側に「どうしても親権は譲れないが実際に子どもの監護をすることまではこだわらない」、他方の母親側に「子どもの生活については自分が主体となって世話をしていきたいが、それさえ叶うなら親権にはこだわらない」といった意向があった場合、親権と監護権の分属は、一見スマートな解決法のようにも思われます。

親権と監護権の分属の問題点

しかし、親権と監護権を分属させるのは、子どもの利益を損ねることになってしまう場合も多く、安易に行うべきではありません。というのも、子どもの性格や発達状況、生活実態等を理解していなければ代理権を適切に行使することができないのが一般的だと思われるところ、監護権を持たない親権者では、子どものことを熟知しているとまではいえないことも多いからです。

しかも、分属させようとする事案は、親権をどちらが取得するかで

☞ 安易に親権と監護権を分離するのは避けるべきである。

☞ その場しのぎの解決にならないよう、親権者と監護者を分離した場合の子どもにとってのリスクを依頼者によく説明し、方針を検討しなければならない。

相当にもめたケースであることが多いと考えられます。そのようなケースでは、親権と監護権の分属後、子どものために代理権の行使等について父親と母親が連携・協力する必要が生じたとしても、それを期待するのは困難であると推測されます。

そうだとすれば、親権と監護権を分属させることで、子どもにとって重要な（場合によっては緊急の対応が要される）代理権の行使が必要な場合に、適切な行使ができなくなってしまうという事態が生じることがあるのです。具体的には、次のような場合が考えられます。

□ 子どもが交通事故に遭い、損害賠償請求をする必要がある場合
□ 医療行為の承諾が必要な場合
□ 進学・就職する場合
□ パスポートを取得する場合
□ 監護者が再婚したため再婚相手とのあいだで養子縁組を行いたい場合

本問の場合も、その場しのぎの解決法として親権と監護権を分属させるのではなく、分属により生じる可能性のある問題について依頼者によく説明し、決して子どもの利益を損ねる結果となることのないよう留意しながら、方針を検討する必要があります。

親権と監護権の分属が適切といえる場合

とはいえ、親権と監護権の分属が常に否定されるべきではなく、むしろ事案の解決に最も適した方法として望ましい場合もあります。

たとえば、離婚したとはいえ父親と母親が子どものためなら相互に協力を惜しまない姿勢を明確にし、双方がそれぞれ親として責任をもって関わっていきたいという意思を持っている場合です。このようなケースでは、父親と母親が、それぞれ親権者あるいは監護者という役割を与えられることによって、各自の立場で子どものために尽力できますし、両親の協力が必要な場合は、夫婦として夫や妻という立場を維持することはできなかったとしても、父親と母親という立場で協力して子どもの利益を実現することができますから、子どもの利益にかなう結果となります。

□ 依頼者への説明

弁護士

（「親権者」という立場にはこだわらないので、早く離婚するために親権と監護権を分属させたいと言う依頼者に対し）

たしかに、親権者は父親、監護者は母親ということにしてしまえば、離婚自体はスピーディーに進められるかもしれません。しかし、親権者にはできても監護者ではできない、ということもたくさんあります。たとえば、お子さんが、将来私立高校に入学したいということになった場合、監護者ではなく親権者の同意が必要になるのではないかと思いますが、このときには親権者である相手方に連絡を取って、協力を求めなければなりません。しかし、離婚後にはお互い連絡も取りたくない可能性が高いと思いますし、今すでに険悪な関係にある相手方が協力してくれるとも限りません。お子さんの将来に不利益が生じないように、親権者や監護者をどうするのかは慎重に検討すべきかと思います。

面会交流を許容する態度のほうが親権者指定にあたって有利？

仮に自分が親権者となった場合に、もう一方の親との面会交流に前向きな姿勢なのか、それとも面会交流はさせたくないと考えているのか——いずれの態度でいるのかは、親権を得るにあたって考慮される事情なのでしょうか。

この点、裁判所の実務では、親権者指定の判断を行う際に、補充的にではありますがしばしば、離婚後に面会交流を許容する態度であるのかどうかを考慮することがあるようです（秋武憲一・岡健太郎編著『離婚調停・離婚訴訟〔三訂版〕』（青林書院・令和元年）152頁）。たしかに、子どもからすれば、離婚後も両親の双方と将来にわたってコミュニケーションをとることができるわけで、一般論としてはこれは子どもの人格形成や健全な成長にとって有益であるといえます。したがって、面会交流を許容する態度であったほうが、子どもの利益に資すると判断されて有利に斟酌されることもあるのでしょう。

もちろん、過去に子どもを虐待していた事実がある場合など、子どもの利益を守る観点から面会交流を許容したくない事情があるときにまで、面会交流を許容する態度でなければ不利になるというわけではありません。両親のいずれが親権者となるのが子どもの利益にかなうのかが判断基準となるのですから、面会交流が子どもの利益となるか否かで、面会交流を許容する態度が有利に働くのかどうかも変わってきます。

このようなことを踏まえ、依頼者が親権を取得したいと考えている場合、代理人としては、「夫婦間のトラブル等で相手に感情的なわだかまりがあったとしても、面会交流についてはあくまでも子どものことを最優先に考えて、意向を決めていくべきである」とアドバイスすることになると思われます。

親 権者変更

協議離婚で母親が親権者となりましたが、連日遊び歩いており、夜も帰らないために子どもはコンビニで買った弁当で夕飯を済ませるようなことも多いようです。親権者を父親に変更することはできますか？

親権者変更の手続き

親権者は、「子の利益のため必要があると認めるとき」には、変更することが認められます（民法819条6項）。ただし、子の福祉の観点からさまざまな事情を検討していったん決められた（当事者の協議による場合も、裁判所の関与があった場合も）ものを変更するのですから、単なる当事者の協議ではなく家庭裁判所の関与を要し、調停の手続きか、あるいは調停が不奏功の場合は審判の手続きによらねばなりません。

調停・審判で主張すべきこと

親権者の変更を認めてもらうためには、「子の利益のため必要がある」ことを主張する必要があります。調停や審判で具体的に何を主張すべきなのかについては、要するに現在の親権者よりももう一方の親のほうが親権者にふさわしい、という主張をするわけですから、親権者指定の場合に準じます。

ただ、最初の親権者指定の後で生じた事情がある場合には、前回の親権者指定の際に前提とされていなかった事実ですから特に意識し、必要に応じて主張すべきです。たとえば、本問のように親権者が離婚後に子どもを適切に監護していないという実態がある場合は、そのよ

☞ 子の利益のため必要があると認められる場合、親権者変更の調停・審判により、親権者を変更することができる。

☞ 調停・審判において主張すべき内容は親権者指定の場合に準じるが、親権者による監護の不適切な現状など、最初に親権者を決めた後に生じた事情を意識し、必要に応じて主張しよう。

うな事情を主張します。離婚後に親権者と子どもの関係が悪化したとか、子どもが親権者の家を出てもう一方の親の元で暮らし始めたといった事情がある場合も、親権者の変更に影響があると考えられますので、主張すべきと考えられます。

なお、最初に親権者を決めた際、協議ではなく、裁判所で諸般の事情を検討して調停・審判の手続きによって決定された場合は、すでにその機会に双方、「自分のほうが親権者にふさわしい」という事情をひととおり主張しています。したがって、親権者の変更の手続きにおいては、その時以降に生じた事情が特に重要視されることになると思われますので、留意してください。

監護者の変更

監護者の変更も、親権者の変更と同様、これを行うことが可能です。この場合、監護者の変更について必ず家庭裁判所の手続きによらねばならないとする明示的規定はありませんので、双方の合意が調えば合意のみで行うこともできます。

6

養育費

養育費の額の算出は簡易算定表によるのが実務ですが、
そのまま当てはめることができないケースは少なくなく、
そのような場合には弁護士が計算を行って示すことになります。
実務で用いられている標準算定方式による計算方法と、
事案ごとの考え方、養育費の額の算出の仕方をまとめました。

養育費の算定

養育費の算定の方法について教えてください。

標準算定方式と算定表

養育費を原理的な方法で求めようとすると、大変複雑で、手間もかかります。そこで実務では、これを簡略化した「標準算定方式」による計算が行われています。その計算結果を早見表としてまとめたものが「簡易算定表」であり、養育費を支払う側（義務者）と養育費の支払いを受ける側（権利者）の年収額（公租賦課等を控除する前の額面）を収入として当てはめて使用します。

現在実務に定着しているのは、令和元年に司法研修所が編集・公表した「改定標準算定方式（算定表）」であり、標準的・平均的な状況を想定した次のケースが示されています。

□ 子1人（子0～14歳）
□ 子1人（子15歳以上）
□ 子2人（第1子および第2子0～14歳）
□ 子2人（第1子15歳以上、第2子0～14歳）
□ 子2人（第1子および第2子15歳以上）
□ 子3人（第1子、第2子および第3子0～14歳）
□ 子3人（第1子15歳以上、第2子および第3子0～14歳）
□ 子3人（第1子および第2子15歳以上、第3子0～14歳）
□ 子3人（第1子、第2子および第3子15歳以上）

☞ 養育費を算定する方法は複雑であるため、実務では、婚姻費用同様、簡易算定表が使われることが多い。この簡易算定表は、計算方法を簡略化した標準算定方式による計算結果を早見表にしたものである。

☞ 養育費は、権利者・義務者双方の基礎収入を算出し、生活費指数をもとに計算式（標準算定方式）に当てはめて算出する。

養育費の算定方法

算定表にそのまま当てはめることができないケースも少なくありません。そのような場合には、もととなっている標準算定方式により、自分で計算を行う必要があります。

STEP 1

権利者・義務者それぞれの基礎収入を計算する

＝総収入×基礎収入割合

STEP 2

子の生活費を計算する

＝義務者の基礎収入×子の生活費指数／(義務者の生活費指数＋子の生活費指数)

STEP 3

義務者が支払う養育費の額(月額)を計算する

＝子の生活費×義務者の基礎収入／(義務者の基礎収入＋権利者の基礎収入)÷12

基礎収入割合

基礎収入とは、総収入から公租公課・職業費・特別経費（住居に要する費用、保険医療費等）を控除した、「純粋に生活に充てられる収入」をいいます。通常、総収入に、収入に応じた基礎収入割合を乗じて計算されます。

基礎収入割合は、次のとおりです（司法研修所編『養育費、婚姻費用の算定に関する実証的研究』（法曹会・令和２年）35 頁）。

給与所得者	
収入	割合
0～75万円	54%
～100万円	50%
～125万円	46%
～175万円	44%
～275万円	43%
～525万円	42%
～725万円	41%
～1325万円	40%
～1475万円	39%
～2000万円	38%

自営業者	
収入	割合
0～66万円	61%
～82万円	60%
～98万円	59%
～256万円	58%
～349万円	57%
～392万円	56%
～496万円	55%
～563万円	54%
～784万円	53%
～942万円	52%
～1046万円	51%
～1179万円	50%
～1482万円	49%
～1567万円	48%

生活費指数

生活費指数とは、義務者の収入をどのように按分すべきかを示す指数です。これを計算式に当てはめて、権利者に支払うべき養育費を計算します。

生活費指数は、次のとおりです（前掲『養育費、婚姻費用の算定に関する実証的研究』47 頁)。

立　　場	年　　齢	指　　数
親	—	100
子	0〜14歳	62
	15〜19歳	85

第三者との子がいる場合

夫に前妻との子がいる場合、夫に対する養育費請求額はどのように認定されますか？ なお、前妻には収入があります。

算定表が使えないケース

算定表は、義務者の子は権利者と義務者間の子のみである場合を想定して作成されているため、義務者に権利者以外の者とのあいだになした子がいる場合には、算定表を用いて養育費の金額を算出することができません。このように算定表を使うことができない場合には、標準算定方式によって養育費の金額を算出することになります。

夫婦間の子のみの場合

義務者の子が夫婦間の子のみの場合は、まず、次の計算式に当てはめて、権利者が監護する子の生活費を計算します。

義務者の基礎収入×権利者が監護する子の生活費指数／（義務者の生活費指数＋子の生活費指数）

そして、この額を前提に、次の計算式により、義務者が分担すべき養育費の金額を算定します。

権利者が監護する子の生活費×義務者の基礎収入／（権利者の基礎収入＋義務者の基礎収入）÷12

☞ 義務者に第三者とのあいだの子がいる場合や、別居後に認知した子がいるような場合には、算定表に当てはめて養育費の金額を算定することができない。

☞ 設問のケースでは、夫と夫が扶養すべき者（夫婦間の子に加え、前妻との子）全員が同居しているものと仮定して、養育費の金額を標準算定方式により算出する。前妻に収入があるため、前妻との子の生活費指数の調整が必要である。

第三者との子に養育費を支払っていない場合

義務者に権利者以外の者とのあいだになした子がいる場合、たとえば、夫に、前妻との子がいる場合についてはどうでしょうか。

前妻との子に養育費を支払っていない場合には、夫と夫が扶養すべき者（夫婦間の子に加え、前妻との子）全員が同居しているものと仮定して、養育費の金額を算定します。ただし、前妻に収入がある場合には、前妻との子の生活費は夫と前妻とで負担すべきといえますから、前妻との子の生活費指数を前妻と夫の基礎収入比率によって按分して計算します。

【事例】
夫（義務者）：会社員、年収800万円
妻（権利者）：パート、年収120万円
夫婦間の子（権利者が監護する子）：第1子8歳、第2子3歳
前妻：会社員、年収300万円
前妻との子：1名16歳、養育費の支払いなし

①それぞれの基礎収入を計算する（＝総収入×基礎収入割合）
夫：800万円×0.4＝320万円
妻：120万円×0.46＝55万2000円
前妻：300万円×0.42＝126万円

②前妻との子の按分された生活費指数を計算する

＝前妻との子の生活費指数×夫の基礎収入／(夫の基礎収入＋前妻の基礎収入)

＝85×320万円／(320万円＋126万円)

≒60.9

※夫婦の生活費指数は各100、夫婦間の子は各62だが、前妻との子の生活費指数は、前妻と夫の基礎収入比率によって按分されたものとなる。

③夫婦間の子の生活費を計算する

＝夫の基礎収入×妻が監護する子の生活費指数／(夫の生活費指数＋前妻との子を含めた子全員の生活費指数)

＝320万円×(62＋62)／(100＋62＋62＋60.9)

＝139万2769円　≒139万2000円

④夫が負担すべき養育費の金額(月額)を計算する

＝夫婦間の子の生活費×夫の基礎収入／(妻の基礎収入＋夫の基礎収入)÷12

＝139万2000円×320万円／(320万円＋55万2000円)÷12

＝9万8934円　≒9万9000円

この算出方法は、義務者（夫）が前妻に養育費を支払っているか不明の場合や、前妻の収入が不明の場合に採用されることが多いようです。

第三者との子の養育費を支払っている場合

義務者が第三者とのあいだの子について支払っている養育費が具体的に確認できる場合には、義務者の基礎収入から当該養育費額を控除した額を義務者の基礎収入（ここでは、これを便宜上「修正基礎収入」といいます）として、標準算定方式により算出することがあります。

STEP 1

義務者の修正基礎収入を計算する
＝総収入×基礎年収割合－第三者との子の養育費（年額）

STEP 2

夫婦間の子の生活費を計算する
＝義務者の修正基礎収入×夫婦間の子の生活費指数／（義務者の生活費指数＋夫婦間の子の生活費指数）

STEP 3

義務者が負担すべき養育費の金額（月額）を計算する
＝STEP２の額×義務者の修正基礎収入／（義務者の修正基礎収入＋権利者の基礎収入）÷12

先ほどの事例で、義務者である夫が前妻に月額８万円の養育費を支払っていたらどうなるか、具体的に計算してみましょう。

①夫の修正基礎収入を計算する
＝基礎収入－前妻との子の養育費（年額）
＝320万円－（８万円×12）　＝224万円

②夫婦間の子の生活費を計算する
＝夫の修正基礎収入×夫婦間の子の生活費指数／（夫の生活費指数＋夫婦間の子の生活費指数）
＝224万円×（62＋62）／（100＋62＋62）　＝124万円

③夫が負担すべき養育費の金額（月額）を計算する
＝夫婦間の子の生活費×夫の修正基礎収入／（夫の修正基礎収入＋妻の基礎収入）÷12
＝124万円×224万円／（224万円＋55万2000円）÷12
＝8万2904円　≒８万3000円

「養育費を将来の分まで含めて一括で支払ってもらいたい」と希望する方がいます。しかし、養育費は未成熟児の日々の生活において発生する費用の分担の問題であり、その性質上、定期的に給付を受けるべきものですので、相手方が任意に応じない限り、一括請求は認められません。ここでは、相手方が任意に応じる見込みがある場合、あるいは相手方から一括払いの申出がなされている場合を前提に、そのメリットと留意点をお伝えします。

まず、一般的に、養育費の一括受取りを希望する方は、相手方が毎月欠かさず養育費を支払ってくれるかが心配でこのような希望をしているわけです。この点、一括で受け取ることができれば、その心配をする必要がなくなります。また、まとまったお金が得られれば生活が安定するまでの支えとすることができますし、今後の生活設計も立てやすくなります。

ただし、次の点に十分に留意することが必要です。

養育費の一括払いについて

☑　定期的に支払われる養育費は、１年間に受け取る額が贈与税課税対象額に達しても、「扶養義務者相互間において生活費又は教育費に充てるためにした贈与により取得した財産のうち通常必要と認められるもの」（相続税法 21 条の３第１項２号）として贈与税の課税対象とはなりません。ここで「通常必要と認められるもの」の意味に関して、「生活費又は教育費の名義で取得した財産を預貯金した場合又は株式の買入代金若しくは家屋の買入代金に充当したような場合における当該預貯金又は買入代金等の金額は、通常必要と認められるもの以外のものとして取り扱うものとする」との行政通達があります（相続税法基本通達 21 の３－５）。この行政通達によれば、将来の養育費を含めて一括で受け取り、それを銀行に預けると、「通常必要と認められるもの」に該当せず、贈与税の課税対象ということになります。

☑　養育費を一括で受け取った後、相手方の年収が大幅に上がる等事情の変更が生じたとしても、増額請求は困難となります。養育費の一括払いの合意は、その一括払いにより養育費の支払いをすべて解決しようというものでしょうから、信義則上増額請求はできないと判断される可能性が高いからです。なお、一括で受け取った養育費を学費や学習塾代等の教育費で使い果たした親権者がさらに養育費の分担を求めた事案で、これを認めなかった裁判例があります（東京高裁平成 10 年４月６日決定）。

双方が監護養育する場合

子が３人いる夫婦において、夫が２人、妻が１人の子の親権者として各々監護養育する場合、養育費はどのように算出されますか？

養育費の算定方法

権利者と義務者、双方に各々監護養育する場合の養育費の算定については、それぞれの基礎収入を前提に子全員に配分されるべき金額を算出し、その額を、権利者が養育する子と義務者が養育する子との生活費指数で按分する方法があります（松本哲泓『婚姻費用・養育費の算定－裁判官の視点にみる算定の実務－』（新日本法規出版・平成30年）106頁）。

STEP 1

子全員の生活費を計算する

＝義務者の基礎収入×子の生活費指数の合計／（義務者の生活費指数＋子の生活費指数の合計）

STEP 2

義務者が負担すべき子らの生活費を計算する

＝子全員の生活費×義務者の基礎収入／（義務者の基礎収入＋権利者の基礎収入）

STEP 3

義務者が負担すべき権利者が監護する子の養育費（月額）を計算する

＝義務者が負担すべき子らの生活費×（権利者の監護する子の生活費指数／子の生活費指数の合計）÷12

☞ 算定表は、権利者のみが子を監護養育する場合のみを想定して作成されているので、権利者・義務者双方に各々監護養育する子がいる場合には算定表を用いて養育費の金額を算定することができない。

☞ 設問のケースでは、義務者がすべての子を監護養育していると仮定して標準算定方式により子らの全体の生活費を求め、これを按分する方法がとられる。

具体例

【事例】

夫：会社員、年収800万円、長男(16歳)・長女(15歳)を監護
妻：パート、年収120万円、二女(10歳)を監護

①子全員の生活費を計算する
=夫の基礎収入×子の生活費指数の合計/(夫の生活費指数+子の生活費指数の合計)
=320万円×(85+85+62)/(100+85+85+62)
=223万6145円　≒223万6000円

②夫が負担すべき子らの生活費を計算する
=子全員の生活費×夫の基礎収入/(夫の基礎収入+妻の基礎収入)
=223万6000円×320万円/(320万円+55万2000円)
=190万7036円　≒190万7000円

③夫が負担すべき妻が監護する子の養育費(月額)を計算する
=夫が負担すべき子らの生活費×(妻の監護する子の生活費指数/子の生活費指数の合計)÷12
=190万7000円×62/(85+85+62)÷12
=4万2469円　≒4万2000円

子に持病・障害等がある場合

身体的障害または知的障害を有する子の養育費算定にあたり、算定表に基づく養育費に医療費や教育費を加算することはできますか？

医療費の分担についての考え方

医療費については、標準的な額（10万3332円）は、標準算定方式において特別経費として考慮済みです。しかし、障害により特別な医療や介護を要し、標準的な額を超える範囲の費用が生ずる場合には、父母で相応の負担をすることが相当と考えられています。この場合、双方の年収に応じて按分する等の方法により、当該分担額を加算することになります。

なお、身体的障害や知的障害のために、子が成人に達しても就労し十分な生活費を得ることが困難な場合には、養育費の支払期間の延長が相当と判断されることがあります。

教育費の分担についての考え方

子が知的障害を有する場合、養育費請求権者から「学習支援を受けるために学習塾に通わせたい」との希望が出されることがよくあります。これに対し義務者がその必要はないと反論している場合には、請求権者側としては、必要性を具体的に示し、裁判所の理解を得る必要があります。

具体的には、子の知能検査の結果や、教育センター担当者や療育にかかる医師などといった専門家の意見、当該学習塾の内容（具体的プ

☞　**子の障害の状態・程度に鑑み必要性が認められれば、一定程度の加算が認められることがある。**

ログラムが学習支援であること)、すでに通塾している場合には通塾状況・学習状況とその効果を、可能な限り資料に基づいて説明するとよいでしょう。

増減額請求

養育費を取り決めたあと義務者の収入が下がった場合、養育費の減額の請求は認められますか？ 権利者が再婚した場合はどうなるでしょうか？

養育費の増減額ができるケース

養育費の増減額請求について、民法上の定めはありませんが、扶養にかかる事情変更の規定（民法880条）を根拠として、事情の変更を生じたときには、養育費の増減ができると考えられています。

そして、「事情の変更」に当たるといえるためには、①合意の基礎となった事情に変更が生じたこと、②合意した時には当事者が当該事情の変更を予見できなかったこと、③合意した養育費の額を維持することが当事者のいずれかに対してもはや相当でないと認められる程度に重要な事情の変更であること、が必要とされています。

収入の増減は、一般的に合意の基礎となった事情の変更といえますが、合意時に当事者において収入の増減が認識されていたか、当然予見し得ていた場合には、「事情の変更」には当たらず、増減請求は認められません。予期せぬ病気入院治療等により減収した場合や、勤務先の業績不振や倒産により年収が下がった場合は、通常、合意時に予見はできなかったといえるでしょう。この場合、当該減収の額が、合意した養育費の額を維持することが相当でない（公平でない）といえる程度のものであれば、「事情の変更」に当たるものとして、減額請求が認められることになります。

なお、増減額請求が認められる場合、変更となる始期については、一般的には増減額請求時となりますが、事案に応じて、当事者公平の観点から事情変更時、審判時になることもあります。

- ☞ 当事者の収入の増減幅が大きく、「事情の変更」に当たる場合には、増減額の請求が認められる（民法880条の類推適用）。
- ☞ 権利者が再婚しただけでは減額事由とはならないが、子が再婚相手と養子縁組した場合には、義務者は養育費の支払義務を免れることができる。

権利者の再婚による減額の可否

養育費の支払義務は、親の扶養義務に基づくものです。権利者の再婚により子と再婚相手とのあいだに親子関係が生じるわけではありませんので、単に権利者が再婚したというだけでは、義務者の扶養義務に影響はなく、養育費支払義務の減免の対象とはなりません。

子が権利者の再婚相手と養子縁組をした場合には、養子縁組をした再婚相手が子の第一次的な扶養義務者となり、義務者は当該養育費の支払義務を免れることができます。ただし、義務者（実親）は第二次的な扶養義務者ではあり続けるので、経済力に問題が生じて再婚相手が扶養義務を果たすことができなくなれば、義務者（実親）にも養育費の負担が求められる場合があります。

7

面会交流

未成年の子どもがいる夫婦の場合の離婚では、
別居や離婚の後に、子どもを監護していない側の親は、
子どもとコミュニケーションをとる機会を確保することが
難しくなってしまう場合もあります。
しかし、子どもにとって、普段は一緒にいない親と交流することは、
健全な成長に資するのが一般ですし、親の立場からしても、
我が子との交流を切望することは多いでしょう。
本章では、親と子の面会交流を現実のものとするための
手続きや実施にあたっての検討事項、
直接会うことが難しい場合の交流方法などについて解説します。

実現のための手続き

離婚協議中に依頼者（夫）の妻が子どもを連れて別居してしまい、依頼者は子どもに会えない状況です。依頼者は子どもに会いたがっているのですが、どのような方法をとることができるでしょうか？

面会交流を実現するための手続き

面会交流の実現は、離婚の協議を行うなかであわせて面会交流を行うかどうかやその方法についても協議ができるようであれば、これについて当事者双方で合意を行えば足ります。この場合、履行を確保するために合意書面を作成したほうが安心です。

他方、協議ではうまくまとまらない場合は、家庭裁判所に面会交流の調停（家事事件手続法244条、別表2の3項）を申し立てることになります。この調停がうまくまとまらずに不成立になった場合は、自動的に審判手続に移行します（同法272条1項・4項、別表2の3項）。審判で面会交流の方法が決められる場合、審判書の別紙として「面会交流実施要領」のかたちで詳細が記載されることも多いようです。

なお、離婚についても協議ではまとまらず夫婦関係調整調停（離婚）を行うことになった場合、その付随事項として、面会交流についても調停手続に乗せることができます。面会交流を付随事項とする調停が不成立となったのであれば、訴訟手続で決着をつけることになります。

家庭裁判所調査官の調査

調停・審判・訴訟のいずれの段階においても、面会交流に関する審理を行うにあたり、家庭裁判所調査官が父母や子どもの意向等の調査

☞ 双方の話合いで面会交流についても合意ができるのであれば、書面をもって面会交流の方法について合意する。話合いで決まらない場合は、面会交流の調停・審判の手続きをとる。

☞ 手続きのなかで家庭裁判所調査官の調査（試行的面会交流を含む）が入る場合は、これに対応する。

を行うことがあります（家事事件手続法58条）。この調査は、裁判所から主導的に案内がなされることも多いですが、当事者が裁判所に対して「調査してほしい」との希望を伝えることが契機となって調査命令が出される場合もあります。調査が行われる場合、当事者である父母も、資料の提出や面談への協力等を求められますので、対応が必要です。

なお、面会交流を認めるべきか否かの判断を行うにあたって、別居期間が長く別居中に面会交流が行われていなかった場合や、子どもの養育を行っているほうの親が面会交流に反対している場合など、必要と思われる場合には試行的面会交流が行われることがあります。これは、調査の一環として、家庭裁判所の一室を使って面会交流を試験的に行い、その様子を調査官が観察するというものです（もちろん、かつて子どもを虐待していたなど、試行的面会交流を行うこと自体が子どもの福祉の観点から相当ではないと考えられるときは試行的面会交流は実施されませんし、実施中も、不適切な行為があった場合には注意をしたり途中で打ち切ったりするなどの配慮がなされます）。試行的面会交流後は調査官による報告書が作成され、調停段階では次回期日で面会の結果を踏まえての話合い、審判段階では当事者が今後も面会交流を続けるのが適切か否か等の主張が行われることになります。

面会交流の条項

面会交流について書面をもって定める場合、どのような条項にすればよいのか教えてください。

面会交流方法の設定にあたっての考え方

面会交流は子どもの利益のために行うものですから、親の気持ちや都合ではなく、あくまでも子どもの利益を最優先にし（民法766条1項参照）、将来にわたって無理なく続けられる方法を検討すべきです。

健康や生活リズムへの配慮

子どもの健康や生活リズムを害したり、精神的に過度のストレスを与えたりするような設定は決してすべきではありません。場合によっては、少なくとも最初の数回は監護親《かんごしん》やその代理人等が同席する、第三者機関が関与するなどといった方法を検討することもあり得ます（なお、この場合、利用する予定の第三者機関に事前に連絡を取り、当該ケースで利用が可能かどうかをきちんと確認してください）。さらに、実際に取決めどおりに面会交流を実施してみた結果、子どもに悪影響や不利益が生じた場合には、いったん定めた条項を再度修正することも視野に入れておくことが必要です。

〈条項例（最初のうちは監護親が同席する場合）〉
第○条　X（非監護親）は、令和＊＊年＊＊月末日までは、面会交流にY（監護親）が同席することを認めなければならない。

☞ 子どもの利益を最優先に、双方の親の都合を考えて無理なく続けられる方法を検討し、条項に落とし込もう。予定の変更を余儀なくされた場合についても決めておくとよい。

☞ 将来の間接強制に備えるのであれば、日時または頻度、各回の時間の長さ、子の引渡しの方法等を具体的に定めるべきである。面会交流時の言動に不安がある場合は、面会交流中の禁止事項を定めることも検討したい。

直接の面会は難しい場合

たとえば非監護親と子どもとのあいだに長期間接触がなかった場合など、いきなり直接の面会を開始するのが子どもの心理からみて難しい場合もあります。このようなケースでは、まずは間接交流の方法で実施することを定めてもよいでしょう。さらに、間接交流を経て直接の面会に移行する予定にするとしても、最初は面会時間を短く設定し、それを徐々に長くしていくなど、子どもの負担とならないよう、きめ細やかに設定したいものです。

〈条項例（最初のうちは第三者機関が関与する場合）〉

第○条　子とX（非監護親）との面会交流のうち、第1回目から第10回目までの分は、特定非営利活動法人A（東京都＊＊区＊＊町＊丁目＊番＊号所在。理事長B）の職員又は同法人の指名する担当者の立会いその他の支援を得て行う。

条項の検討

面会交流不履行への備え

約定どおりの面会交流が果たされない場合、非監護親としては、ひとつの手段として、監護親に対して間接強制を行うことが考えられます。これは、執行裁判所が債務（この場合は面会交流の実施・協力）を履行しない債務者（この場合は監護親）に対し、一定の期間内に履行しなければその債務とは別に一定額の間接強制金を債権者（この場合は非監護親）に支払うべきことを警告することで債務者に心理的圧迫を加え、これにより自発的な債務の履行を促す手続きです（面会交流は、その性質上、直接強制になじみません）。

間接強制決定を得るには、監護親がすべき給付の特定性が認められる必要があります（最高裁平成25年3月28日決定）。そこで、将来の間接強制に備えるのであれば、面会交流の日時または頻度、各回の面会交流時間の長さ、子の引渡しの方法等を具体的に定め、「給付の特定に欠けるところがない」といえるようにしておきたいところです。

〈間接強制を見据えた、良い条項例（子の引渡方法について）〉

第○条　子の受渡場所は、Y（監護親）自宅以外の場所とし、当事者間で協議して定める。協議が調わないときは、＊＊線＊＊駅東口改札付近とする。

2　Y（監護親）は、面会交流開始時に、受渡場所において、子をX（非監護親）に引き渡す。

3　X（非監護親）は、面会交流終了時に、受渡場所において、子をY（監護親）に引き渡す。

4　Y（監護親）は、子を受け渡す場面のほか、X（非監護親）と子の面会交流には立ち会わない。

〈間接強制を想定すると悪い条項例（子の引渡方法について）〉
第○条　子の引渡方法については、子の福祉に配慮して、当事者双方がその都度協議のうえ定める。

逆に、双方の親のあいだにそれなりの信頼関係があり、面会交流に向けて協力が期待できる場合には、条項はある程度ざっくりと、たとえば毎月の実施回数だけを決め「日時場所等の詳細については、双方が連絡を取って決する」といった一文を入れるだけで済むこともあるでしょう。

禁止事項の設定

監護親としては、面会交流すること自体は許容できたとしても、子どもと非監護親を自分の目の届かないところで交流させる点に不安が大きい場合もあります。ことに、非監護親の交流中の言動が子どもに悪影響を与える可能性が高いと考えられる場合には、あまり無限定に交流を許すと、子どもの利益に反する危険性があります。

このような場合には、面会交流についての取決めのなかに、面会交流中の禁止条項を設定するのも１つの方法です。たとえば、非監護親につき「面会交流中の飲酒・喫煙は禁止する」「監護親の交際相手について子どもに質問しない」「子どもに現金を渡さない」などといったことを定めることが考えられます。

〈条項例（子に現金等を渡すことを禁止する場合）〉
第○条　X（非監護親）は、面会の際、子に対して、現金や過度のプレゼントを贈らないことを約束する。

第三者機関を利用する場合の取決め

面会交流の際に第三者機関を利用することとなった場合、当該第三者機関に支払う費用が発生しますので、親のいずれがその費用を負担するのかが問題となります。

一般論としては、双方の親が協力して子どものために面会交流を実施するのですから「双方で折半する」ということになりそうですが、もちろん、これと異なる取決めをすることも可能です。いずれにしても、のちにもめることのないよう、費用の負担者についての条項は入れておくとよいでしょう。

〈条項例（費用負担を折半とする場合）〉
第○条　X（非監護親）及びY（監護親）は、上記面会交流に関し特定非営利活動法人A等第三者機関に支払うべき費用を、2分の1ずつ折半して負担しなければならない。

代替日程の設定等

子どもの体調不良や学校行事等により面会交流が予定どおりに実施できなくなることも起こり得ます。このような場合に備えて、代替日程の設定等について定めておくことも有用です。

〈条項例（予定どおり面会交流が実施できない場合）〉
第○条　子の病気や学校行事、当事者の業務上の出張等の正当な事由によって上記に定めた方法による面会交流が実施できない場合は、当該事由の生じた当事者から他方の当事者に対して速やかに携帯電話により連絡を取り、代替日程について協議する。代替日程は、原則として実施予定日の1週間後の同時刻とする。

合意をまとめる手続き

以上のような検討を経て、面会交流についての合意を結び、これを書面化することになります。ここに弁護士が関与する場合は、依頼者の不利益とならないよう、内容をしっかりチェックすることが求められます。

離婚については話がまとまりそうなのに面会交流についてはうまく決着がつかない、という場合もあり得ます。そのような場合は、面会交流については調停等の手続きを利用して決め、調停調書等裁判所で作成する書面にその内容を落とし込むことになります。

第三者機関の活用

父母の感情的対立が激しいため話ができそうになく、取決めどおりの面会交流を実現することは難しそうです。第三者機関を利用して面会交流を行えればと思うのですが、その際どのようなことに留意が必要でしょうか？

第三者機関の利用

監護親と非監護親、双方の感情的な対立が激しい場合、面会交流を行うこと自体については合意ができていたとしても、実際実施するにあたって互いに協力することが現実的に難しいこともあります。

このような場合、面会交流を実現するための援助を行う第三者機関を利用することが考えられます。第三者機関を利用するためには、通常は親双方の合意が必要です。

利用にあたって検討すべき事項

面会交流を援助する第三者機関にはさまざまなものがあり、まずはどの団体を利用するかを検討する必要があります。法務省のホームページに面会交流支援団体についての情報が掲載されていますので、確認してみるとよいでしょう。

法務省ホームページの面会交流支援団体情報
https://www.moj.go.jp/MINJI/minji07_00286.html

どのような援助を行ってくれるのかは団体により異なりますが、たとえば、監護親と非監護親のあいだに入って日程の調整を行う、面会

☞ **第三者機関を利用するにあたっては、どの機関を利用し、どのような援助をしてもらうのか、その費用は誰が負担するのか、といった点について決める必要がある。**

交流当日に監護親に代わって子どもの引渡しやお迎えを行うといった援助があるようです。どのような援助を利用するのがよいかは個別の事案によって検討が必要であり、ニーズに即した援助を提供してくれる団体を探すことになります。

なお、第三者機関の利用には費用がかかります。１回の面会交流につき１万円以上かかることもあるようです。誰が、どのように費用を負担するのか、事前に取り決めておくことが必要です。

利用に際しての注意点

第三者機関を利用するにあたっては、それなりに準備や手続きが必要となります。面会交流の実施までに時間を要するということは念頭に置いておきましょう。

また、第三者機関では、子どもの福祉を害さず、また面会交流を安全・円滑に実施する等を目的として、それぞれルールが定められています（たとえば「監護親・非監護親とも、他方の親の悪口を子どもに言わない」等）。代理人としては、利用する第三者機関が定めるルールをあらかじめ確認し、これを遵守する必要があることを依頼者に明確に伝えておくことが必要です。

間接交流

子どもは今は非監護親と直接顔を合わせたくないと言っていますが、交流をまったく拒否しているわけではないようです。間接交流を検討したいのですが、どのような点に注意が必要ですか？

間接交流の検討の必要が生じる場面

面会交流は、親子の交流により子どもの健全な成長を図るという観点からは、同居して交流するのに最も近い状況である直接の面会、つまり直接交流のかたちで行うのが望ましいといえるでしょう。しかし事案によっては、子どもが非監護親との接触を一切拒んでいるわけではないが直接会うことには抵抗を持っている、という場合もあります。たとえば子どもが非監護親と長期間別居していた場合や、過去に非監護親と面会した際に不快な思いをしたことがあるといった場合です。

そのような場合は、直接面会する以外の方法での交流、いわゆる間接交流の方法により面会交流の実現ができないか、検討することになります。

間接交流の方法

間接交流は、かつては電話や手紙、電子メールでのやりとりを行う、といった方法が主でした。しかし現在では、比較的直接の面会に近いものとして、オンラインで画像・音声を交えたコミュニケーションをとることも考えられます。また、各種SNSも、文字と画像の送受信がメインとはなりますが、会話に近いものとして利用することが可能です。

☞ **事案によっては、安心して交流を進めるために方法に詳細な制限を定める必要が生じることもある。どのような方法とするのがよいか、事案別の検討が必要である。**

このほか、子どもの学校の学期末には通知表の写しを非監護親に送る、クリスマスと誕生日には非監護親が子どもにプレゼントを贈る等のように、イベント等の機会に際しての取決めについて、別途定めることも考えられます。

間接交流の制限

双方の親にある程度の信頼関係があるのであれば、取決め自体はさほど詳細にする必要はない場合もあるでしょう。しかし、事案によっては、今後安心して交流を進めるために詳細な制限を定める必要が生じることもあります。

たとえば、「非監護親から子どもに対し、手紙・メールを月１回送り、子どもがそれに対して返事を送る」というかたちでの交流にしても、かつて非監護親が深夜に大量のメールを子どもに送ってきて子どもが畏怖したことがある等の事情があるのであれば、「非監護親からの手紙・メールは、１回につき、通常の便箋サイズ３枚程度の分量とする」などといった制限を設けることが考えられます。

また、監護親が自身の生活環境を一切非監護親に知られたくないという場合、交流をオンラインで行うこととしても「交流中は子のカメラの位置を固定することとし、非監護親はこれを動かすよう求めてはならない」といった制限を設けるようなことも考えられるところです。

8

財産分与

財産分与とは、夫婦の離婚に際し、
婚姻中に夫婦が共同で形成した財産を分配する手続きです。
ある財産が分与の対象となるか否か、
分与の対象となる財産をいくらと評価するか、
分与する場合にどのような方法で分与するかなど、
弁護士が知っておくべきポイントは多岐にわたります。
財産分与の協議の際に、多くの事例で対象として挙げられる
財産を題材として、実務における考え方や
分与時の具体的な取扱いをまとめました。

預貯金

①預貯金を財産分与する場合、いつ時点の残高を基準にすればよいのでしょうか？
②子ども名義の預貯金は、財産分与の対象となりますか？

預貯金を財産分与する場合の基準時

財産分与は、夫婦が共同で築き上げた財産を清算する制度ですから、財産分与の基準時は「夫婦の協力関係が終了した時点」です。そのため、離婚をした時点が基準となりますが、離婚に先行して別居をしている場合は、別居の時点で夫婦の協力関係が終了したと考えられるため、別居時が財産分与の基準時と考えられています。

別居時を基準とした場合、別居後の増減は、原則として考慮しません。また、夫婦の一方が基準時前に多額の引出しをしてしまったようなケースでは、引出金のうち使途を合理的に説明できない額については、基準時の額に組み入れて財産分与額を計算することもあります。

子ども名義の預貯金の取扱い

夫婦の名義の預貯金は、どちらの名義であっても、婚姻後に形成した財産である限り、財産分与の対象となります。

しかし、子ども名義の預貯金は、名義のみで財産分与の対象となるか否かを判断していません。実務上は、その預貯金の原資や口座に入金された経緯・目的、家庭の経済状況等の事情を考慮し、夫婦の共有財産と考えられるのか、子どもの固有財産と考えられるのかで判断しています。

☞ 離婚時点の残高を基準とするが、離婚に先行して別居している場合には別居時点の残高を基準とする。

☞ 子ども名義の預貯金は、子どもの固有財産と解されるならば財産分与の対象とならないが、そうでない場合には夫婦共有財産として財産分与の対象となる。

夫婦が子どもの将来のために、子どもの学費等に充てる目的で子ども名義の預貯金口座を開設し、その口座に毎月一定額を積み立てることはよくありますが、このような場合は夫婦の共有財産から形成された財産といえ、財産分与の対象となることが一般的です。

一方、子どもに対して贈与されたもの、お年玉や小遣いを貯めたものは、子どもの固有財産と考えられます。ただし、子ども自らが管理できる状態ではなく、実質的に夫婦が子どものために使うことを前提として贈与されたものであれば、夫婦共有財産とも考えられます。

以上のように、子ども名義の預貯金が財産分与の対象となるか否かは、個別の事情を考慮して総合的に判断されるものであり、非常に難しい問題です。

不動産

①不動産の分与にはどのような方法がありますか？
②不動産の購入にあたり頭金を一方の特有財産から支払った場合、分与額はどのように計算すればよいでしょうか？

不動産の財産分与方法

不動産を財産分与で分ける主な方法としては、①売却してその代金を分与する方法、②現物を夫婦の一方が取得する方法が考えられます。共有不動産として維持することも法的には可能ですが、離婚した者どうしで物件を共有することには、当事者の心理的抵抗が大きいように思います。

不動産を売却する場合

不動産を売却しようとする場合、通常、不動産仲介業者に依頼して買い手を探すことになります。できるだけ高値で売りたいという要請から、当事者双方がそれぞれ別の仲介業者に声をかけ、業者どうしを競わせて買い手を探すことも多いようです。

売却することができた場合、売買代金から住宅ローンの残額と売却に必要な費用（不動産業者への仲介手数料、契約書に貼る収入印紙代など）を控除し、その残額を分けることとなります。

一方が不動産を維持する場合

不動産を夫婦のいずれかにおいて維持する場合には、必要に応じ、不動産の名義変更手続を行うことになります。名義を変更しようとする場合、住宅ローンがまだ残っていれば当該ローンの債権者である金融機関の理解を得る必要がありますが、ローンが完済されない限り名

☞ 財産分与として不動産を分ける場合、売却してその代金を分与する方法、現物を一方が取得する方法がある。一方が維持する場合、必要に応じて、住宅ローン債権者の理解を得たうえで名義変更手続を行う。

☞ 頭金を一方の特有財産から支払っている場合には、頭金が購入価格に占める割合を財産分与の対象額に乗じて特有財産部分を把握し、財産分与額を計算する。

義変更の承諾が得られないことも多いので、ローンの借換えを行うことが現実的な場合もあります。

住宅ローンが残存する物件を取得するには、ローンを負担できるだけの資力が必要となりますので、専業主婦（主夫）であった方が名義を取得することは、現実問題としては難しいでしょう。

不動産の価値の算定

住宅ローンが残っている物件については、物件の時価相当額から、住宅ローンの残額を差し引いた金額を財産分与の対象額として把握します。

また、住宅の購入にあたり頭金を一方の特有財産から支払った場合には、不動産の一部に特有財産が存在すると考えることが多いです。この場合、頭金の額がそのまま特有財産となるわけではなく、頭金が不動産の購入価格に占める割合を把握したうえで、当該割合を財産分与の対象額に乗じることで、特有財産部分を把握します。

保険

保険は財産分与の対象になりますか？

夫婦名義の保険の取扱い

保険契約のうち、解約した場合に金銭が返ってくるもの、すなわち解約返戻金があるものは、財産的な価値がある資産となりますので、財産分与の対象となります。解約返戻金がないもの、いわゆる“掛捨て”のものは、財産分与の対象とはなりません。

よって、夫婦の一方が契約者となっている保険契約で、解約返戻金があるものは、財産分与の対象となります。この場合、具体的には、基準時に解約した場合の解約返戻金の額を確認し、その額を財産分与の対象として分与額を計算することとなります。解約返戻金の額については、契約者が保険会社に問い合わせれば、書面で回答をもらうことができます。

なお、夫婦の一方が婚姻前に保険契約を締結し、その保険料を全額前払いで支払っていたような場合には、その保険は夫婦で婚姻後に築き上げた財産とはいえず、契約者の特有財産となりますので、財産分与の対象とはなりません。

もっとも、夫婦の財産は共有に属すると推定されるため（民法762条２項）、特有財産であることの主張立証責任は、特有財産であると主張する側が負います。

☞ 基準時に解約した場合の解約返戻金が財産分与の対象となる。

☞ 子どものために契約した学資保険であっても、財産分与の対象となるのが一般的である。

子どものための保険の取扱い

夫婦が子どものために学資保険等の契約をすることは一般的に行われています。離婚協議の際に、これを財産分与の対象から除外するよう希望する当事者も、実務では多いと思います。

しかし、学資保険は、保険料を子ども固有の財産から拠出することは考え難く、両親が夫婦共有財産から支払っていることが一般的です。そのため、その解約返戻金も夫婦共有財産と考えられ、財産分与の対象となるのが一般的です。

なお、学資保険について、保険料を祖父母が負担している場合、当該保険は、保険料を負担した祖父母の側の親の特有財産と考えられます。

子どものための保険の分与の方法

それでは、子どものための保険が財産分与の対象となる場合、その分与は、どのように行われるのでしょうか。

次のようなケースで検討してみます。

- 夫婦（A・B）のあいだに未成年の子Cがいる。
- Cのために、Aが契約者となって学資保険契約を締結した。

・AとBはすでに別居しており、CはBと生活している。

このようなケースにおいては、ＢはＣのため、学資保険契約の継続を希望する場合が多いといえます。

Ｃのために保険契約を維持する分与方法としては、次の３つが考えられます。

①AからBに契約者名義を変更し、以後はBが保険料を支払う。
②当該保険は解約し、Bが新たに契約する。
③AがCのために契約を維持して、離婚後も保険料を支払い続ける。

いずれを選択するかは、主にＢの経済的な支払能力と、保険会社の名義変更の扱いによるところとなります。

分与方法①の検討

分与方法①の場合、Ｂが保険契約を引き継ぐこととなるので、Ｂに保険料を支払い続ける経済力が必要となります。加えて、保険契約が維持された状態でそのまま引き継ぐため、解約返戻金相当額に対応する財産分与をキャッシュでもらえるわけではありません。それにもかかわらず、保険に関する財産分与は受領したこととなってしまいます。財産分与対象財産がほかにもあり、十分なキャッシュがもらえるような場合であればよいですが、そのような状況ではなく、Ｂの収入状況にも余裕がない場合は採用が難しい方法です。

分与方法②の検討

分与方法②は、保険会社によって名義変更ができない場合に選択されることが多い方法です。また、現在の契約内容のまま契約を継続することを希望しない場合に選択されることもあります。

Ｂが保険料を支払い続けるという点は**分与方法①**と同じですが、保険契約を解約するため解約返戻金相当額に対応する財産分与をキャッシュでもらえる可能性があること、保険契約の内容を見直すことで毎月支払う保険料の額が従来よりも低く抑えられる可能性があることが採用のメリットといえます。

分与方法③の検討

分与方法③は、Ｂに経済的な余裕がないのであれば、よい内容であるといえます。しかしながら、合意後にＡが一方的に解約してしまい約束どおりに履行されないリスクもあり、協議離婚にあたってこの内容で合意が成立することはあまりありません。

株式・自動車

財産分与で株式や自動車を分ける場合の手続きについて教えてください。

財産分与における株式・自動車の取扱い

婚姻期間中に取得した株式や自動車は、婚姻後に夫婦が共同で形成した財産といえるならば、名義が夫婦どちらであっても、財産分与の対象となります。夫婦の一方が相続や贈与により取得したものや、婚姻前に保有していたお金で購入したものなどは、特有財産に当たり、財産分与の対象とはなりません。

株式や自動車を財産分与する場合、その価値を評価したうえで財産分与手続を行う必要があります。

☞ 株式・自動車ともに財産分与の対象となり得る。

☞ 財産分与で株式の名義を変更する場合、上場株式ならば証券会社所定の手続きを経る。非上場株式ならば、会社法に沿って手続きを進める。

☞ 財産分与で自動車の名義を変更する場合、管轄の運輸支局で手続きを行う。

株式の財産分与手続

株式の評価

株式の価値は日々変動します。財産分与にあたって、株式の価値を把握する場合、実務上は、婚姻関係破綻の時点（別居時点など）ではなく、財産分与の時点を基準として評価することが多いです。

株式の評価額は、上場株式であれば新聞やインターネットなどで時価を調べることでわかります。一方、非上場株式の場合は、公認会計士等の専門家に依頼して計算してもらわなければなりません。費用がかかってしまうことから、依頼者と相手方の了承が得られるのであれば、貸借対照表上の資産から負債を差し引いた純資産を発行済み総株式数で割った価格を１株当たりの時価とするなど簡易な計算方法で算出し、これにより財産分与額を算出するという方法をとることも検討の余地があるといえます。

株式の財産分与手続

財産分与で株式の名義を変更する場合の手続きについても、上場株式と非上場株式とで分けて考える必要があります。

上場株式は、証券会社の口座で管理されていますので、当該証券会社所定の手続きを経れば、名義を変更することができます。

非上場株式の場合には、譲渡制限が付されていることが多くあり、この場合、株式譲渡承認請求を会社に対して行い（会社法137条）、当該会社の取締役会または株主総会において譲渡承認決議を受けたあとに（同法139条）、株主名簿の名義書換を請求する（同法133条）、という流れで名義変更手続を進めます。確実に譲渡を受けられるようにするために、株式を分与する者から会社に対し、あらかじめ譲渡承認の請求（同法136条）をしておいてもらうとよいでしょう。

自動車の財産分与手続

自動車の評価

自動車の評価額は、中古車販売店等で査定を受けるなどして把握します。ローンが残っている場合には、その残額を踏まえて価値を把握することになります。

自動車の財産分与手続

ローンが残っており分与を受ける配偶者においてローンを負担していくことが難しい場合や、どちらが取得するか折合いがつかない場合には、自動車を売却して換価し、その代金を分与することも多くあります。

自動車の名義変更をする場合には、管轄の運輸支局で登録名義変更手続を行います。この手続きには、車検証のほか、旧所有者が実印を押印した譲渡証明書、新・旧両所有者の印鑑証明書などが必要です。

なお、自動車の名義変更は、所有者の変更事由があった日から15日以内に行わなければならないとされています（道路運送車両法13条）。必要書類のなかには発行に時間のかかるものもありますので、早めに準備を進めましょう。

ストックオプション

会社が従業員に対して一定金額で自社の株式を購入する権利を与える制度、ストックオプションについても問題となり得ます。ストックオプションでは、従業員がその権利を行使した際に時価が購入金額よりも高ければ、購入後に売却することで利益が得られます。逆に時価が購入価格よりも安い場合は、権利を行使しないこともできます。

ストックオプションが財産分与の対象となるのかについて、明確に示した裁判例は、今のところ見当たりません。実務においては、権利行使をしていない場合にはまだ具体的な財産とはいえないとして、否定的に考えることが多いようです。しかし、まだ明確に裁判例が固まっていない現状では、依頼者にとって利益となるような主張をしてもよいのではないかと思われます。

退職金

退職金は財産分与の対象となりますか？ 対象となる場合、どの範囲で対象となるのでしょうか？

退職金は財産分与の対象になるのが原則

退職金は、賃金の後払い的性格を有します。そのため、財産分与の対象となる賃金と同様、財産分与の対象財産になる、というのが基本的な実務の考え方です。

ただし、支給時期が相当先である場合などには、受給に不確実性があると判断されることもあります。財産分与の対象財産となるためには、受給について相応の蓋然性が必要とされ、若年世代の離婚事案などでは対象財産にならないこともあります。

財産分与の対象となる退職金の範囲

財産分与の対象となるのは、「婚姻時点から破綻時点（離婚あるいは別居時点）までの期間に相当する部分」です。入社から婚姻時点までの部分と、破綻時点以後の部分は分与の対象にはなりません。

また、退職金は、定年退職の場合と自己都合退職の場合とで、その支給金額にかなりの差が出ます。この点、財産分与額の計算にあたっては、①分与時点で自己都合退職した場合の支給金額を前提に分与額を算出することもあれば、②定年退職時の支給額を前提にしつつ、ライプニッツ係数などを用いて中間利息を控除し、分与時点の金額に引き直した後に分与額を算出することもあります。いずれで主張してい

☞　退職金も、原則として財産分与の対象となる。

☞　財産分与の対象となるのは、退職金のうち、婚姻時点から離婚あるいは別居時点までの期間に相当する部分である。

くかは、中間利息の控除計算をしてみたうえで判断するとよいかもしれません。③財産分与の給付を行う時期を退職金支給時に設定し、定年退職時の支給額を前提に、中間利息の控除をせずに分与額を算出することもあります。

確定拠出年金

退職金に類似する制度として、確定拠出年金があります。確定拠出年金とは、拠出された掛金とその運用収益との合計額を基準にして将来の給付額が決定される年金のことです。掛金を事業主が拠出するものを企業型、個人が拠出するものを個人型（iDeCo）といいます。

企業型と個人型、いずれも、年金の受給開始が相当先となる場合には「受給が不確実である」と判断される可能性があることは退職金の場合と同様です。この点、名古屋高裁平成21年5月28日判決は、退職金と確定拠出年金が財産分与の対象になることを認めながらも、受給の開始が15年以上先であり受給の不確実性と価額算定の困難性があることから直接清算的な財産分与の対象とはせず、扶養的財産分与の要素として斟酌するのが相当であるとしました。

債務

相手方に債務がある場合、その債務は財産分与を理由に分け合わなくてはならないのでしょうか？

債務は財産分与の対象となるか？

財産分与は、夫婦が婚姻中に形成した財産のうち離婚時あるいは婚姻関係破綻時に存在する財産を清算する制度であり、債務（負債）は財産分与の対象としないという見解もあります。しかし、実務上は、夫婦や子の共同生活のために負担した債務は、夫婦がそれぞれ責任を負うことが実質的な公平に資すると考えられています。

夫婦の一方がギャンブルのために借金をしたような場合は、夫婦や子の共同生活のために負担した債務ではないため、財産分与の対象にはなりませんが、夫婦や子が生活するための不動産を購入した際に負担した住宅ローンなどの債務の場合は、財産分与の対象となる可能性があります。

また、個人事業主である夫婦の一方が、事業に関連して債務を負っている場合は、当該債務が夫婦や子の共同生活のためのものであるか否かによって、財産分与の対象となるかどうかが決まります。とはいえ、個人事業について、生活のための借入れ、事業のための借入れを区別するのは困難な場合もあります。

- ☞ 夫婦や子の共同生活のために負担した債務は、財産分与の対象となり得る。
- ☞ 実務上、債務のみを財産分与で分け合うことは行われていない。
- ☞ 分与する場合、積極財産から債務額を控除する方法で分与が行われる。

債務の財産分与の方法

実務上、夫婦に債務しか財産がないような場合に、それを分割して負担させるような扱いはしていません。積極財産がある場合には、積極財産形成のために負担した債務（たとえば、住宅ローンや自動車ローンなど）を積極財産から控除して財産分与額を計算することで、債務を財産分与上考慮しています。

次のようなケースで検討してみましょう。

夫婦（A・B）の財産分与対象財産

❶自宅不動産	5000万円（A名義）
❷預貯金	1000万円（A名義）
❸預貯金	500万円（B名義）
❹自動車	100万円（A名義）
❺住宅ローン	2000万円（A名義）

夫婦のどちらの名義の財産であっても、婚姻後に形成した財産は財産分与の対象となります。そのため、共有名義でなく、A単独名義あるいはB単独名義の財産も、財産分与の対象となります。

もっとも、A名義の財産はAが、B名義の財産はBがそのまま取得するとしたほうが、のちの手続きが簡便です。そのため、財産の名義人がそのまま自身の財産を取得し、その結果として一方の取得額が他方の取得額より多額となる場合には、一方が他方にその差額の半分を支払うという方法をとることが一般的です。

〈A名義の財産〉

❶5000万円＋❷1000万円＋❹100万円－❺2000万円

＝4100万円

〈B名義の財産〉

❸500万円

3600万円の差

A・Bがそれぞれ自身の名義の財産を取得すると、3600万円の差が生じます。そこで、その差額の2分の1（1800万円）をAがBに支払うこととすると、公平な財産分与となります。

〈A〉

❶5000万円＋❷1000万円＋❹100万円－❺2000万円

－（Bへの分与額）1800万円

＝2300万円

〈B〉

❸500万円

＋（Aからの分与額）1800万円

＝2300万円

公平な財産分与

以上のとおり、債務は、財産分与額の決定にあたり、積極財産から控除する方法で計算して考慮されます。そのため、Aが住宅ローン（❺）のみを取り上げ、その半額の1000万円をBに負担するよう求めるという方法は、実務上とられていません。

また、仮に債務の額がすべての積極財産の額を上回るような場合は、「分与する財産がない」という結論になるだけであり、財産分与において、その債務の負担を相手方に課すという方法も実務上はとられていません。

あまり意識しないけれど……賃借物件にも注意が必要

夫婦がマンションを借りて住む際に、賃借人を夫とし、連帯保証人として妻の親を立てる、ということは、それほどめずらしいことではありません。けれども、この夫婦が離婚し、なおかつ、夫が当該マンションに住み続けることとなったらどうなるでしょう？ 契約関係に変更がなければ、元妻の親は、もはや他人となった元娘婿の連帯保証人をさせられることになってしまいます。

夫婦の住まいが賃貸物件の場合には住まいは財産分与の対象とならないため、離婚事件の代理人としては、夫婦の住まいについて、特段意識しないことも多いと思います。けれども、賃貸物件であっても上記のようなケースでは、後々のトラブル回避のため、可能な限り連帯保証人の変更を済ませるべきでしょう。

未払婚姻費用と財産分与

別居中に請求していなかったため婚姻費用の未払いがある場合、その分を財産分与として受け取ることはできますか？

未払婚姻費用の財産分与における取扱い

婚姻費用は、本来、婚姻継続中に支払われるべきものであり、離婚請求とは別に請求しておくべきものです。しかし実務上、過去の婚姻費用の未払いは、財産分与の額および方法を定める際に考慮される「一切の事情」（民法768条3項）に含まれると解釈されており（最高裁昭和53年11月14日判決）、未払婚姻費用を財産分与として受け取ることも不可能ではありません。

もっとも、多額の未払婚姻費用がある場合、財産分与の枠組みの中で必ず全額もらえるわけではありません。請求する側・支払う側、双方の資産や収入などが考慮され、全部または一部が財産分与として加算される扱いです。別居が長期にわたる場合、消滅時効期間との兼ね合いから、過去5年分に限定して考慮する例が多いようです。

☞　未払婚姻費用を財産分与として受け取ることは可能だが、全額もらうことができるとは限らない。

払い過ぎているような場合には財産分与で清算されるのか？

本項で記載のとおり、未払いの婚姻費用については財産分与の際に考慮されることが一般的ですが、逆に婚姻費用を支払い過ぎている場合はどうでしょうか。

当事者が合意をして、あるいは任意に一定金額を支払っていたところ、その金額が標準算定方式により計算された金額を上回るものだった場合、その上回っていた分（過払い分）を財産分与の前渡しとして考慮することで財産分与額から控除することが相当かどうかが争われた事案があります。大阪高裁平成 21 年 9 月 4 日決定は、「その額が当事者双方の収入や生活状況にかんがみて、著しく相当性を欠くような場合であれば格別、そうでない場合には、当事者が自発的に、あるいは合意に基づいて送金した額が、審判をする際の基準として有用ないわゆる標準的算定方式に基づいて算定した額を上回るからといって、超過分を財産分与の前渡しとして評価することは相当ではない」と判断しています。

財産分与と税金

財産分与でお金や不動産をもらった場合、税金はかかるのですか？

財産分与で金銭をもらった場合の税金

財産分与で受け取る金銭には、通常、税金（贈与税）は課税されません。財産分与としてお金をもらうことは、贈与ではなく、財産分与請求権に基づく給付を受けたものと考えられるからです。

ただし、例外として、分与された財産の額が婚姻中の夫婦の協力によって得た財産の額やその他すべての事情を考慮してもなお多すぎるような場合には、過大な部分について贈与税が課されます。また、離婚そのものが贈与税や相続税を免れるために行われたと認められる場合には、もらった分与額全額に対して贈与税が課されることになります。

なお、分与された財産が過大か否かを判断するための基準として明確なものはありませんが、財産分与は夫婦で築き上げた財産を２分の１ずつにすることが原則ですので、この点に照らして判断するとよいでしょう。

財産分与で不動産をもらった場合の税金

財産分与で不動産をもらった場合も、金銭をもらった場合と同様、通常、贈与税は課税されません。また、同じ理屈から、通常、不動産取得税も課税されません。

☞ 財産分与として受け取った金銭には、通常、贈与税は課税されない。ただし、分与額が財産分与としては多額に過ぎる場合や、税負担を免れるためと認められるような分与の場合は、贈与税が課される。

☞ 財産分与として不動産を受け取った場合、通常、不動産取得税は課税されない。所有権移転登記手続を行う場合には登録免許税を納める必要があり、これを財産分与をする側に負担させたい場合には、当事者間で取決めをしておくべきである。

不動産の譲渡に伴い譲渡所得税の課税が生じることがありますが、この課税を受けるのは不動産を譲渡した側、つまり財産分与をした側なので、財産分与を受けた側には譲渡所得税の課税はありません。

一方で、財産分与で不動産をもらい、その所有権移転登記を行う際には、登録免許税を納める必要があります。これは財産分与をする側・受ける側が共同して納めるのが原則ですが、どちらが負担するか当事者間で取り決めることも可能です。負担者についての取決めをする場合には、離婚協議書等に記載しておくとよいでしょう。

なお、不動産をもらった場合には、翌年度以降、不動産の所有者として固定資産税の課税を受けることになります。

9

年金分割

離婚後の夫婦それぞれの生活を考えると、
年金分割は重要な離婚の条件となります。
年金のことはよくわからない……という
弁護士も多いと思いますが、
年金分割についても知識を得ておき、
適切なアドバイスができるようにしておきましょう。

年金分割制度

年金分割を行う場合の手続きについて教えてください。

「合意分割」と「3号分割」

離婚時の年金分割には、「合意分割」・「3号分割」の2種類があります。

合意分割は、合意や裁判手続により婚姻期間中の厚生年金記録（標準報酬月額・標準賞与額）の分割割合を定め、年金分割をする制度です。一方、3号分割は、国民年金第3号被保険者であった者からの請求により、平成20年4月1日以後の婚姻期間中の第3号被保険者期間における相手方の厚生年金記録を強制的に2分の1ずつ分割する制度で、「強制分割」とも呼ばれます。

合意分割の請求が行われた場合に、3号分割の対象となる期間が含まれるときは、合意分割と同時に3号分割の請求があったものとみなされます。すなわち、3号分割の対象となる期間は、3号分割による標準報酬の分割に加え、合意分割による標準報酬の分割も行われます。

- ☞ 年金分割には、「合意分割」と「3号分割」の2種類がある。
- ☞ 合意分割の場合、「年金分割のための情報通知書」を取得し、当事者間で年金分割の請求を行うことと年金分割割合について合意を形成のうえ、年金事務所に対し請求を行う。3号分割の場合は合意の形成は不要である。
- ☞ 原則として、離婚成立の翌日から起算して2年以内に請求を行わなければならない。

合意分割の手続きの流れ

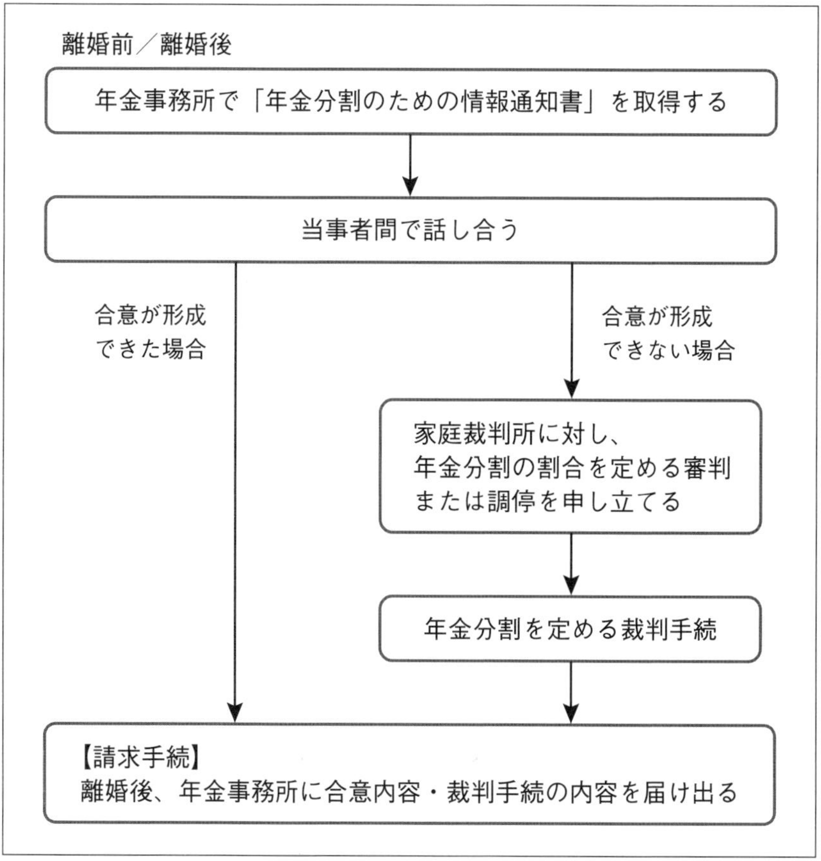

情報通知書の取得

年金事務所（公務員共済組合の組合員の場合は共済組合）で「年金分割のための情報通知書」を取得します。この書類は、離婚前でも離婚後でも取得可能です。情報通知書の請求のためには、年金手帳（または基礎年金番号通知書）と、婚姻期間を明らかにできる書類（戸籍謄本など）が必要になります。

合意の形成または裁判手続

当事者間で話し合い、「年金分割の請求をすること」と「年金分割割合（按分割合）」について合意を形成します。按分割合とは、年金分割を受ける者の持分を意味するもので、上限は0.5（＝50％）とされています。つまり、年金分割を受ける者の持分が、分割される者の持分を上回ることのないように定めなければなりません。

年金分割の合意を形成する場合、離婚協議書とは別に合意書を作成することもよく行われています。日本年金機構のホームページには「年金分割の合意書」の書式があり、これを用いることもできます。ただ、これを用いた場合には、請求手続のために２人そろって年金事務所に行くことが必要になります。一方当事者だけで請求手続を進める場合には、年金分割の合意書を、公証人の認証を受けた私署調書または公正証書で作成しておく必要があります。

合意が形成できない場合には、家庭裁判所に、年金分割の割合を定める審判または調停を申し立てることになります。なお、離婚調停または離婚訴訟に伴って年金分割を求める場合、年金分割は、当該調停または訴訟の手続きの中で争点の１つとして扱われます。

請求手続

年金分割の合意を形成した、または年金分割を定める裁判手続が行われたら、年金事務所に対し、その内容を届け出る「請求手続」を行います。これは、標準報酬改定請求書をはじめとする必要書類を年金事務所に提出する手続きです。これが行われなければ、合意内容や裁判手続の内容が年金額に反映されませんので、確実に行う必要があります。

□ 標準報酬改定請求書

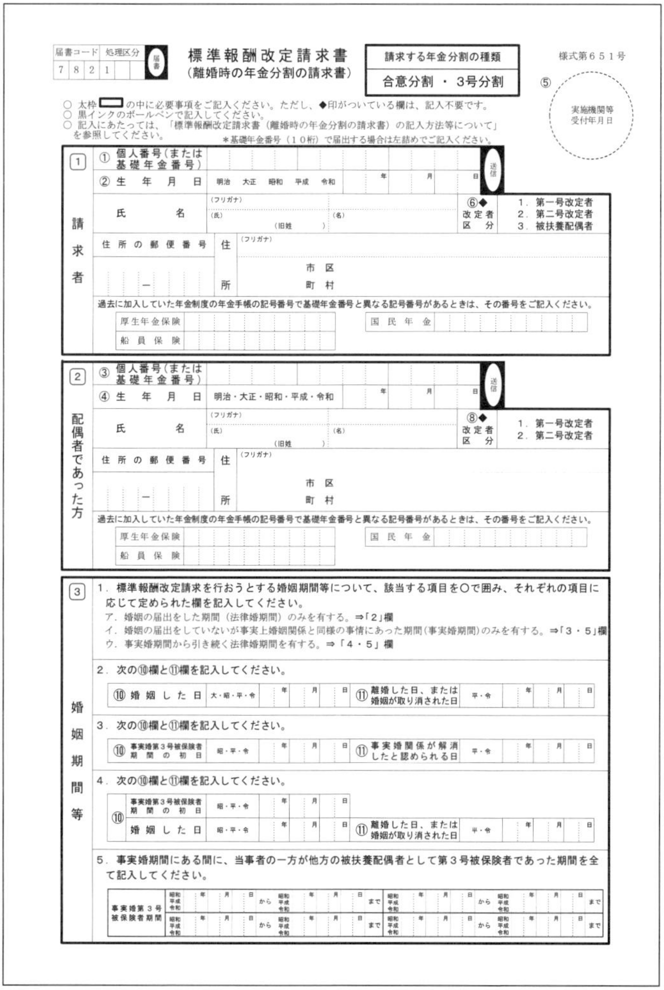

届書コード 処理区分 7 8 2 1 届書

標準報酬改定請求書
（離婚時の年金分割の請求書）

請求する年金分割の種類
合意分割 ・ 3号分割

様式第651号

⑤ 実施機関等受付年月日

○ 太枠□の中に必要事項をご記入ください。ただし、◆印がついている欄は、記入不要です。
○ 黒インクのボールペンで記入してください。
○ 記入にあたっては、「標準報酬改定請求書（離婚時の年金分割の請求書）の記入方法等について」を参照してください。
＊基礎年金番号（10桁）で届出する場合は左詰めでご記入ください。

1 請求者
① 個人番号（または基礎年金番号） 送信
② 生年月日 明治 大正 昭和 平成 令和 年 月 日
氏名 （フリガナ） （氏） （旧姓 ） （名）
⑥◆ 改定者区分 1．第一号改定者 2．第二号改定者 3．被扶養配偶者
住所の郵便番号 － 住所 （フリガナ） 市区 町村
過去に加入していた年金制度の年金手帳の記号番号で基礎年金番号と異なる記号番号があるときは、その番号をご記入ください。
厚生年金保険 船員保険 国民年金

2 配偶者であった方
③ 個人番号（または基礎年金番号） 送信
④ 生年月日 明治・大正・昭和・平成・令和 年 月 日
氏名 （フリガナ） （氏） （旧姓 ） （名）
⑧◆ 改定者区分 1．第一号改定者 2．第二号改定者
住所の郵便番号 － 住所 （フリガナ） 市区 町村
過去に加入していた年金制度の年金手帳の記号番号で基礎年金番号と異なる記号番号があるときは、その番号をご記入ください。
厚生年金保険 船員保険 国民年金

3 婚姻期間等
1．標準報酬改定請求を行おうとする婚姻期間等について、該当する項目を○で囲み、それぞれの項目に応じて定められた欄を記入してください。
ア．婚姻の届出をした期間（法律婚期間）のみを有する。⇒「2」欄
イ．婚姻の届出をしていないが事実上婚姻関係と同様の事情にあった期間（事実婚期間）のみを有する。⇒「3・5」欄
ウ．事実婚期間から引き続く法律婚期間を有する。⇒「4・5」欄
2．次の⑩欄と⑪欄を記入してください。
⑩ 婚姻した日 大・昭・平・令 年 月 日 ⑪ 離婚した日、または婚姻が取り消された日 平・令 年 月 日
3．次の⑩欄と⑪欄を記入してください。
⑩ 事実婚第3号被保険者期間の初日 昭・平・令 年 月 日 ⑪ 事実婚関係が解消したと認められる日 平・令 年 月 日
4．次の⑩欄と⑪欄を記入してください。
⑩ 事実婚第3号被保険者期間の初日 昭・平・令 年 月 日
婚姻した日 昭・平・令 年 月 日 ⑪ 離婚した日、または婚姻が取り消された日 平・令 年 月 日
5．事実婚期間にある間に、当事者の一方が他方の被扶養配偶者として第3号被保険者であった期間を全て記入してください。
事実婚第3号被保険者期間 昭和 平成 令和 年 月 日 から 昭和 平成 令和 年 月 日 まで

3号分割の手続きの流れ

基本的な流れは合意分割と同様ですが、3号分割の場合、年金分割を行うことについて、元配偶者の合意・同意を得る必要はありません。そのため、手続きを行う上で、合意の形成または裁判手続は不要です。年金事務所で「年金分割のための情報通知書」を取得し、離婚後、年金事務所に対し請求手続を行うことになります。

□ 年金分割のための情報提供請求書

届書コード	処理区分	届書
7 8 1 1		

年金分割のための情報提供請求書

様式第６５０号

○ 太枠 の中に必要事項をご記入ください。ただし、◆印がついている欄は、記入不要です。
○ 記入にあたっては、「年金分割のための情報提供請求書の記入方法等について」を参照してください。

⑤ 実施機関等受付年月日

基礎年金番号（１０桁）で届出する場合は左詰めでご記入ください。

1 請求者（甲）	① 個人番号（または基礎年金番号）		
	② 生年月日	明治・大正・昭和・平成・令和	年 月 日
	㋐ 氏名	（フリガナ） （氏）（旧姓　）	（名）
	㋑ 住所の郵便番号 —	㋒ 住所	（フリガナ） 市区 町村
	過去に加入していた年金制度の年金手帳の記号番号で基礎年金番号と異なる記号番号があるときは、その番号をご記入ください。		
	厚生年金保険		国民年金
	船員保険		

2 請求者（乙）または配偶者	③ 個人番号（または基礎年金番号）		
	④ 生年月日	明治・大正・昭和・平成・令和	年 月 日
	㋓ 氏名	（フリガナ） （氏）（旧姓　）	（名）
	㋔ 住所の郵便番号 —	㋕ 住所	（フリガナ） 市区 町村
	過去に加入していた年金制度の年金手帳の記号番号で基礎年金番号と異なる記号番号があるときは、その番号をご記入ください。		
	厚生年金保険		国民年金
	船員保険		

3 婚姻期間等

1．情報の提供を受けようとする婚姻期間等について、該当する項目を○で囲み、それぞれの項目に応じて定められた欄をご記入ください。
ア．婚姻の届出をした期間（法律婚期間）のみを有する。⇒「2」欄
イ．婚姻の届出をしていないが事実上婚姻関係と同様の事情にあった期間（事実婚期間）のみを有する。⇒「3・5」欄
ウ．事実婚期間から引き続く法律婚期間を有する。⇒「4・5」欄

2．現在、引き続き法律婚関係にありますか。（ ある ・ ない ）
「ある」に○をつけた方は⑥欄を、「ない」に○をつけた方は⑥欄と⑦欄をご記入ください。

⑥ 婚姻した日	大・昭・平・令	年 月 日	⑦ 離婚した日、または婚姻が取り消された日	平・令	年 月 日

3．現在、引き続き事実婚関係にありますか。（ ある ・ ない ）
「ある」に○をつけた方は⑥欄を、「ない」に○をつけた方は⑥欄と⑦欄をご記入ください。

⑥ 事実婚第3号被保険者期間の初日	昭・平・令	年 月 日	⑦ 事実婚関係が解消したと認められる日	平・令	年 月 日

4．現在、引き続き法律婚関係にありますか。（ ある ・ ない ）
「ある」に○をつけた方は⑥欄を、「ない」に○をつけた方は⑥欄と⑦欄をご記入ください。

⑥	事実婚第3号被保険者期間の初日	昭・平・令	年 月 日			
	婚姻した日	昭・平・令	年 月 日	⑦ 離婚した日、または婚姻が取り消された日	平・令	年 月 日

5．事実婚期間にある間に、当事者二人のうち、その一方が他方の被扶養配偶者として第3号被保険者であった期間を全てご記入ください。

㋖ 事実婚第3号被保険者期間	昭和 平成 令和	年 月 日	から	昭和 平成 令和	年 月 日	まで	昭和 平成 令和	年 月 日	から	昭和 平成 令和	年 月 日	まで
	昭和 平成 令和	年 月 日	から	昭和 平成 令和	年 月 日	まで	昭和 平成 令和	年 月 日	から	昭和 平成 令和	年 月 日	まで

年金分割の請求期限

年金分割の請求は、離婚成立日の翌日から起算して２年以内に行う必要があります。

ただし、この請求期限を経過する前に家庭裁判所に年金分割の割合を定める審判または調停を申し立て、離婚成立日の翌日から起算して２年を経過した日以後または２年を経過する日の前６か月以内に審判が確定しまたは調停が成立したときは、当該審判確定日または調停成立日の翌日から起算して６か月以内に限り、年金分割の請求をすることができます。

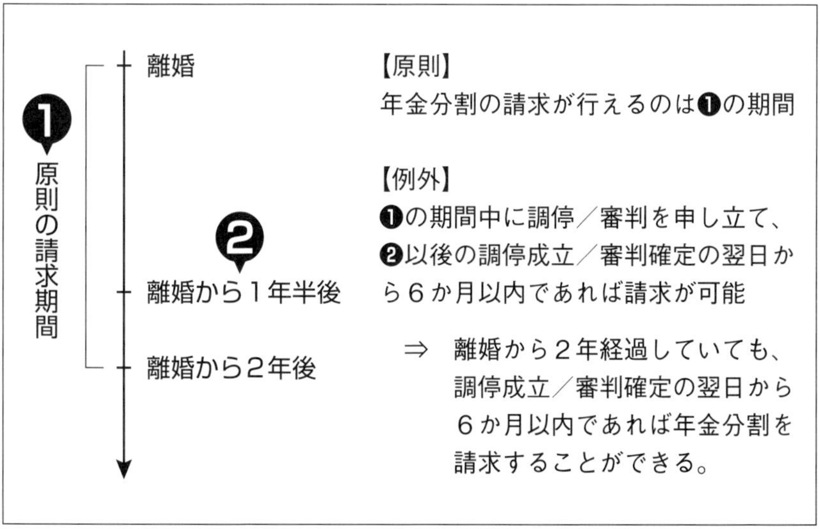

また、年金分割のための合意または年金分割割合を定める審判または調停が成立した後、請求手続を行う前に当事者の一方が死亡した場合は、その死亡の日から１か月以内に限り、分割請求が認められます。

合意ができない場合

年金分割について相手方と合意できそうにない場合、どのような手続きをとればよいですか？

年金分割割合を定める審判または調停の申立て

合意分割をしたいが分割割合について相手方と合意ができそうにない、という場合には、家庭裁判所に対し、年金分割の割合を定める審判または調停を申し立てることになります。

審判の申立て

審判を申し立てる場合の管轄裁判所は、申立人または相手方の住所地の家庭裁判所または合意管轄裁判所です。審判の申立てがなされると、裁判所は、書面照会等を行って相手方の意見を聴取した後、年金分割割合について決定する審判を行います。

調停の申立て

調停を申し立てる場合の管轄裁判所は、相手方の住所地の家庭裁判所または合意管轄裁判所です。調停の申立てがなされると、裁判所は、当事者双方を呼び出して調停期日を開き、調停の場で年金分割割合についての話合いが進められます。

調停を申し立てずに審判を申し立てることも可能ですが、この場合も通常は、裁判所により調停に付されることとなります。調停手続で話し合った結果、調停が不成立となれば、審判手続に移行します。

☞ 離婚後の場合：
年金分割割合を定める審判または調停を申し立てる。

☞ 離婚前の場合：
離婚調停または離婚訴訟の手続きの中で年金分割を求める。

留意点

審判・調停のいずれを申し立てる場合にも、「年金分割のための情報通知書」が必要になります。申立て前に年金事務所（公務員共済組合の組合員の場合は共済組合）で取得してください。

また、審判や調停により年金分割割合が定められた場合でも、それにより自動的に年金分割が行われるわけではありません。必ず、年金事務所で年金分割の請求手続も済ませる必要があります。請求手続には期限がありますので留意しましょう。

離婚前の場合

年金分割は離婚を前提とした制度であるため、離婚前に年金分割割合のみを定める審判や調停を申し立てることはできません。離婚成立前である場合には、離婚調停または離婚訴訟の手続きの中で、年金分割を求めることになります。

年金分割をしない旨の合意の有効性

「年金分割をしない」という合意がされています。この合意は有効でしょうか？

年金分割請求権の法的性質と合意の効力

年金分割の請求権は、厚生年金保険法に基づいて、厚生年金保険の実施機関である日本年金機構や公務員共済組合などに対し、婚姻期間中の厚生年金記録の当事者間での分割を請求するという公法上の権利です（厚生年金保険法78条の2、78条の14）。このように「公法上の権利」であることから、当事者間の合意によって年金分割請求権を失わせることはできません。ただし、年金分割調停や年金分割審判の申立てをしない旨の、手続きに関する合意であれば、有効と判断される可能性はあります。

したがって、「年金分割をしない」という合意が、年金分割請求権を放棄する趣旨であれば無効であり、合意分割を求めて調停や審判を申し立てることは可能です。仮に年金分割の調停・審判の申立てをしないという趣旨なのであれば、合意分割を求めることは困難となります。

３号分割の請求を進めることは可能

以上は合意分割についての検討ですが、３号分割は、年金分割の請求があれば当然に分割されるものです（このことから「強制分割」とも呼ばれます）。当事者間で年金分割をしない旨の合意がされていた

☞ 年金分割請求権は公法上の権利であり、合意により失わせることはできない。

☞ 年金分割をしない旨の合意は無効であるが、年金分割調停や審判の申立てをしないという趣旨の合意の場合は有効となる可能性がある。

として、それが前記いずれの趣旨であったとしても、3号分割の請求を進めることは可能です。

「年金分割後の年金見込額はいくら？」

年金分割に関して相談者・依頼者から一番よく聞かれる質問は、「年金分割をしたら、私の年金はいくらになりますか？」ではないかと思います。

この問いに対しては、「年金事務所で確認してください」と答えるのが正解です。50歳以上の方が年金事務所で情報通知書の請求を行う場合、希望すれば、分割後の年金見込額を教えてもらうことができます。教えてもらえるのは、①50%の割合で分割した場合の年金見込額、②年金分割をしない場合の年金見込額、③請求者が希望した按分割合で分割した場合の年金見込額、の3パターンです。

10

慰謝料

「離婚に際して相手方に慰謝料を求めたい」と
依頼者が望むケースは多いですが、
慰謝料請求は望めば認められるものではありません。
慰謝料の法的性質を踏まえて要件を満たす必要がありますし、
請求に根拠があることを立証することも求められます。
ここでは主に不貞行為に対する慰謝料請求を軸に、
請求が認められるための要件、算定基準から
立証のための証拠集めの方法まで、幅広くまとめました。

慰謝料の法的性質

慰謝料の法的性質（訴訟物）は何ですか？ それを踏まえ、請求の可否を検討するにあたっては、どのようなことに注意すべきでしょうか？

慰謝料の法的性質

慰謝料の法的性質（訴訟物）は、不法行為に基づく損害賠償請求権（民法709条：故意又は過失によって他人の権利又は法律上保護される利益を侵害した者は、これによって生じた損害を賠償する責任を負う。）です。したがって、慰謝料請求が認められるためには、次の要件を満たす必要があります。

- □ 権利侵害
- □ 故意または過失
- □ 違法性
- □ 損害の発生
- □ 因果関係

慰謝料請求の５要件

権利侵害

権利の侵害行為としては、不貞行為、暴力、悪意の遺棄、暴言・モラルハラスメントなどがあります。

☞ 慰謝料の法的性質（訴訟物）は、不法行為に基づく損害賠償請求権である。

☞ 不法行為の要件中、特に「違法性」の要件を満たしているかに注意すべきである。

故意または過失

夫婦間における慰謝料請求では、故意・過失の存否が問題になることはほとんどありません。夫婦として婚姻関係にある以上、他方配偶者の権利を侵害する違法な行為があればその婚姻関係に悪影響を及ぼすことは明らかであるためです。

一方配偶者による、他方配偶者と不貞をした相手（不貞相手）に対する慰謝料請求では、不貞相手の故意・過失の存否が争われることがあります。この場合の故意・過失の対象は、「不貞当時、他方配偶者が既婚者であったこと」です（「婚姻関係を破綻させ、または悪影響を与えること」までの故意・過失は不要です）。

他方配偶者と不貞相手が、職場の上司・部下や同僚である、以前からの知人であるなどのケースでは、通常、他方配偶者が既婚者であることを不貞相手が知っていた、または知り得たといえるため、不貞相手が故意・過失を争うことは一般的に困難といえます。両者がマッチングアプリや出会い系サイトで知り合った場合などにおいては、故意・過失の存否が激しく争われることがあります。

違法性

違法性の要件を満たすものとして、不貞行為、暴力、悪意の遺棄、モラルハラスメントなどが考えられます。

離婚を有利に進めるという訴訟戦略などから、慰謝料請求を離婚請求とあわせて行うとの考え方もあります。しかし、違法性の要件をおよそ充足しないような事情、たとえば夫婦間の愚痴・不満などを主張しても、慰謝料請求が認められる可能性は皆無ですし、いたずらに紛争の長期化を招くことにもなりかねません。依頼者にこの点を十分に説明したうえで、違法性の要件を満たす権利侵害の事実関係を丁寧に聴き取り、慰謝料請求の可否等を慎重に判断する必要があります。

損害の発生

請求を検討する慰謝料には、個別慰謝料（個々の有責行為そのものに対する損害）、離婚慰謝料（有責行為によって離婚を余儀なくされた、という結果に対する損害）などが考えられます。後者を請求する場合には、前者も後者に含めて（一体として）慰謝料請求を行うことが一般的です。

その他の損害として、弁護士費用が他の損害額の１割程度、認容される傾向にあります。一方で、興信所の調査費用は、相手方が不貞行為を認めている、他の証拠から立証ができるなどの事案において、調査の必要性はなかった（不貞行為と調査費用の相当因果関係を否定）として請求を認めない裁判例があります（東京地裁平成28年10月27日判決、東京地裁平成29年５月24日判決など）。また、調査の必要性を認めたとしても、調査内容と費用の妥当性等を踏まえ、調査費用全額ではなく一部のみを認容する裁判例が多いといえます（東京地裁平成29年４月25日判決〔189万円のうち40万円を認容〕、東京地裁平成29年４月27日判決〔304万4609円のうち20万円を認容〕、東京地裁平成30年１月10日判決〔81万1080円のうち５万円を認容〕）。

慰謝料に対する遅延損害金の起算日は、「不法行為終了日」です。具体的には、離婚した場合は離婚日、それ以前に婚姻関係が破綻した場合は破綻した日です。実務では、離婚訴訟とあわせて慰謝料請求を行う場合、請求の趣旨としては遅延損害金の起算日を「訴状送達日の翌日」（個別慰謝料）または「判決確定日の翌日」（離婚慰謝料）とすることが比較的多いようです。

因果関係

個別慰謝料を請求する事案では、因果関係の存否が問題になることはあまりありません。因果関係ではなく、個々の有責行為の存否自体が争われることが多いです。

離婚慰謝料の事案では、有責行為から数年経過して離婚に至った場合、当該有責行為と離婚の因果関係が争われることがあります。

不貞相手に対する慰謝料の請求

有責行為を行った配偶者にはもちろん、「不倫相手にも慰謝料を請求したい！」という事案ではどのように対応していくことになるのでしょうか。一般的に不貞相手に対する慰謝料請求は、裁判外において文書でその請求を行い、不貞相手が不貞そのものを否認したり、慰謝料の額で合意に至らなかったりした場合に訴訟提起を行う、という流れになります。

不貞相手に対する慰謝料の請求額をどのくらいに設定するかは、悩ましい問題です。ひとつ言うなら、不貞慰謝料の相場（50万～100万円）から大きく離れた金額（たとえば「500万円」）とすることは避けたほうがよいと思います。紛争を無用に長期化させるおそれがありますし（特に訴訟に発展すると、依頼者の精神的負担も大きくなってしまいます）、また、訴訟に至った場合に裁判所から「裁判実務を意識しない非常識な請求」と捉えられてしまうリスクもあるからです。

とはいえ、相場感をお伝えすると、「低すぎる」との不満を吐露する依頼者は多いです。不貞により幸せな夫婦生活・家族生活を壊されたのですから、当然といえば当然でしょう。弁護士としては、このような心情に配慮しつつ、単に相場感を伝えるのではなく、相場から離れた請求を行うことにより生じ得る依頼者の不利益なども十分説明して、依頼者の納得を得たうえで請求額を設定することが肝要です。

慰謝料請求が認められるケース

裁判で慰謝料の請求が認められたケースには、どのようなものがありますか？

裁判で慰謝料が認められたケース

裁判例をみると、次の行為が認められるケースにおいて、慰謝料の請求が認められています。

□ 不貞行為
□ 暴力
□ 悪意の遺棄
□ 暴言・モラルハラスメント

不貞行為

不貞行為とは、「配偶者ある者が、自由な意思にもとづいて、配偶者以外の者と性的関係を結ぶこと」と定義されています（最高裁昭和48年11月15日判決）。この「性的関係を結ぶ」とは、肉体関係を持つことを意味します。

不貞行為は配偶者の「婚姻共同生活の平和の維持」という人格的利益を侵害する行為であり、一方配偶者には、不貞行為に及んだ他方配偶者および不貞相手に対する慰謝料請求権が認められます。

☞ ①不貞行為、②暴力、③悪意の遺棄、④暴言・モラルハラスメントなどの事案で、慰謝料の請求が認められている。

暴　力

配偶者に対する暴力は、その身体に対する直接的な権利侵害であり、当然に慰謝料請求が認められます。

暴行による障害が残存する場合には、離婚に伴う慰謝料請求のほか、暴行に基づく後遺障害による逸失利益、慰謝料等の損害賠償請求が可能です（大阪高裁平成12年3月8日判決）。

悪意の遺棄

悪意の遺棄とは、社会的倫理的に非難される態様で、夫婦の義務である同居、扶助義務に違反する行為をいいます。単なる家事育児の不協力等の事実だけでは足りず、客観的にみて、一方配偶者が他方配偶者との共同生活の維持を放棄している態様であることが必要です。たとえば、理由なく配偶者や子どもを自宅に置いて別居を続けること、収入がありながら婚姻費用の分担をしないことなどがこれに該当し得ます。

ただし、裁判所は、単に別居している、婚姻費用を分担しないというだけでは慰謝料請求を認めません。別居や婚姻費用を分担しなくなった経緯やその期間、他方配偶者の有責性の有無などを総合的に考慮して判断します。

暴言・モラルハラスメント

暴言・モラルハラスメント（いわゆるモラハラ）とは、一般的に言葉や態度などによって相手方の人格や尊厳を傷つけるなど、精神的な暴力等による嫌がらせをすることです。たとえば、配偶者に対し主従の関係を強いる、心ない発言をして非難する、威圧的かつ粗暴な言動をとったりすることが当たります。

裁判例をみると、ストレス性の身体的症状で苦しむ妻に対して夫が「お前は頭がおかしい」「何でそんなに医者ばかりにかかるのか」と非難し、ときには実力で通院を妨害した事案で、夫の妻に対する配慮に欠けた態度や威圧的かつ粗暴な言動を理由に250万円の慰謝料請求が認められています（東京地裁平成17年3月8日判決）。

不貞慰謝料の請求に対する反論

不貞慰謝料の請求に対して、相手方から「婚姻関係の破綻」の抗弁（最高裁平成8年3月26日判決参照）をはじめ、「プラトニック」、「性機能障害」などの反論を受けることがあります。「枕営業」との反論を受けることもあります。

「枕営業」の反論とは、夫の不貞相手がクラブのママやホステスであった事案において、東京地裁平成26年4月14日判決が「クラブのママないしホステスが、いわゆる枕営業として長期間にわたり顧客と性交渉を繰り返したとしても、不法行為を構成しない」旨判示したことをよりどころとするものです（もっとも、この判決に対しては、最高裁昭和54年3月30日判決が「性交渉が愛情の発露であるか、遊びであったかにかかわらず、当該性交渉の時点で夫婦関係が破綻していない限り、不法行為を構成する」旨判示したことと整合しないのではないか、との批判もあるところです）。

このように相手方から予想外の反論を受けることもありますので、過去の裁判例等を調査・検討のうえ対応していくことが重要です。

不貞慰謝料の算定基準

配偶者に対する不貞慰謝料の額は、どのような事情を考慮して算定されるのですか？ 裁判実務上は、慰謝料の相場はどのくらいなのでしょうか？

不貞慰謝料の算定基準

不貞慰謝料は、主に次の事情を考慮して算定されます。

①	婚姻期間の長短と婚姻生活の状況
②	離婚の成否
③	不貞が婚姻関係に与えた影響の大小
④	不貞の期間・態様・頻度など
⑤	不貞の悪質さ □ 複数の不貞相手の存在 □ 不貞相手の妊娠・出産の有無 □ 不貞相手との同居の有無 □ 不貞関係の否認、不貞関係解消の約束違反の有無
⑥	一方配偶者の落ち度の有無
⑦	子の存在と、子に対する影響 ※子が精神的苦痛を受けたことで親としての精神的苦痛が増大したという法的構成、離婚により子をひとりで育てなければならなくなったことによる精神的苦痛を被ったという法的構成が考えられる。 ※夫婦の未成年の子による不貞相手に対する慰謝料請求権を原則否定した判例として、最高裁昭和54年3月30日判決がある。
⑧	夫婦の年齢、職業および資力等
⑨	婚姻中および別居後の婚姻費用分担状況
⑩	不貞行為以外による精神的苦痛の有無

☞ 配偶者に対する不貞慰謝料は、婚姻生活の状況や不貞の態様、子どもに対する影響、精神的苦痛の程度などを総合的に判断して算定される。

☞ 配偶者に対する不貞慰謝料の相場は、150万～200万円程度である。さまざまな事情を考慮して、この相場よりも高額な慰謝料が認められることもある。

不貞慰謝料の相場

慰謝料の請求原因にもよりますが、裁判実務上、配偶者に対する不貞慰謝料の相場は150万円から200万円程度といえるでしょう。300万円を超えることは多くありません。

なお、最高裁平成31年2月19日判決が不貞相手に対する離婚慰謝料を否定したことから、不貞相手に対する不貞慰謝料の相場は、配偶者に対するものよりも低く、50万円から100万円程度になるといえるでしょう。

相場よりも高額な慰謝料が認められた事案

もっとも、さまざまな事情を考慮して、上記相場よりも高額な慰謝料が認められることも、もちろんあります。その増額事由とともに、いくつかの裁判例をみておきましょう（なお、いずれも妻が夫に対し慰謝料請求を行った事案です。また、事案２～４は妻が夫に対して離婚請求とあわせて慰謝料請求を行った事案ですので、算定基準②の要件を満たします）。

事案1：慰謝料額1500万円（東京高裁平成元年11月22日判決）

主な増額事由

☑有責配偶者（夫）による離婚請求の事案であり、他方配偶者（妻）は自己の意に反して強制的に離婚させられる【算定基準②】

☑夫は妻に対して、別居後40年間、婚姻費用の支払いなどを行ってこなかった（悪意の遺棄）【算定基準⑨】

☑夫と不貞相手とのあいだには子どもが２人いる【算定基準⑤】

☑夫と不貞相手が一家で会社を経営するなど経済的に裕福な生活を送っている一方、妻は別居後単身生活を送り、年金収入のみで経済力も低い【算定基準⑧】

事案2：慰謝料額1000万円（横浜地裁昭和55年8月1日判決）

主な増額事由

☑病弱であった夫の面倒をみるため仕事を辞めて家事に専念するなど、妻は夫を献身的に支えてきた【算定基準①】

☑妻は仕事を辞めた後も夫が経営する会社の仕事を手伝ってきた【算定基準①】

☑夫は複数の女性と不貞関係にあった【算定基準⑤】

☑夫は土地建物を購入し、妻との別居を正当な理由もなく継続した（悪意の遺棄）【算定基準①】

☑夫は妻に対し、全治２週間の暴行を加えた【算定基準⑩】

事案3：慰謝料額1000万円（東京高裁昭和63年6月7日判決）

主な増額事由

☑夫は、不貞相手が出産した自分の子を認知して、夫婦の養子とした【算定基準⑤】

☑婚姻破綻の原因は専ら夫にある【算定基準⑥】

☑別居後、夫は妻に対し、夫の収入に比して極めて低額な婚姻費用

しか負担してこなかった【算定基準⑨】

☑妻（判決時75歳）は見るべき資産を形成できず、今後の住居すら安定していない【算定基準⑧】

事案4：慰謝料額500万円（東京高裁昭和54年1月29日判決）

主な増額事由

☑夫が夫の母とともに、妻の男性関係についてあらぬ疑いを抱き嫌がらせ的な言動に出て、その結果、妻は別居を開始した【算定基準①】

☑夫婦間の子について、夫が「自分の子ではない」等の悪態をついた【算定基準⑦・⑩】

☑夫は妻方に、昼夜を問わず執拗に嫌がらせの電話を繰り返した【算定基準⑩】

☑夫が妻とその両親に対して言いがかりとしか思えない訴訟提起を行い、その結果、妻とその両親は応訴を余儀なくされた【算定基準⑩】

☑夫は他の女性と同棲を開始し、その女性が夫の子を出産している【算定基準⑤】

不貞行為の立証

不貞行為の立証のポイントを教えてください。

不貞行為の定義

不貞行為とは、「配偶者ある者が、自由な意思にもとづいて、配偶者以外の者と性的関係を結ぶこと」です（最高裁昭和48年11月15日判決）。相手方が不貞行為自体を争う場合には、「性的関係があること」、すなわち性交渉の事実を立証することが必要となります。

不貞行為の立証

１つの証拠から不貞行為の立証ができる事案はそう多くはありませんし、１つの証拠のみに頼りすぎるのもよくありません。依頼者から十分に事実関係を聴取のうえ、想像力を働かせてさまざまな証拠を集め、複数の証拠を関連させて不貞行為の立証を目指しましょう。

依頼者自身はそうと気づいていない不貞行為に関する証拠もあります。いかに不貞行為の立証に有用な証拠を集めることができるか、弁護士の手腕により左右されるといっても過言ではありません。

☞ 「配偶者以外の者との性的関係がある」という事実を、複数の証拠を関連させて立証しよう。

☞ メールや写真、ホテル等の領収書やクレジットカードの利用明細など、証拠として有用な資料は多岐にわたる。依頼者自身は有用性に気がついていないこともあるため、どんな証拠をどれだけ集められるかは、まさに弁護士の腕の見せどころである。

不貞行為の立証に有用な証拠

興信所の調査報告書

たとえば「配偶者と不貞相手のふたりで自宅やホテルなど密閉された個室に数時間以上滞在していた」などの事実が写真や動画などの客観的証拠で記録されていれば、不貞行為の極めて重要な証拠になります。

ただし、興信所に調査を依頼するとなると費用もかかりますし、相手方（他方配偶者・不貞相手）に対しその費用全額を請求することは困難な事案も多いので、興信所の利用を検討するにあたっては、調査の必要性や調査内容等についても慎重に検討すべきです。

不貞行為を認める旨の文書や録音データ

一方配偶者と相手方（他方配偶者・不貞相手）が話し合い、謝罪文など不貞行為を認める旨の文書が作成されることがあります。そこまで至らずとも、相手方がポロッと不貞行為を認める旨の発言をして、これが録音されていることもあります。これらの、相手方が自ら不利な事実を認める旨の文書や発言は、重要な証拠となります。

ただし、のちに相手方が「脅迫を受けて文書を作成させられた／発言させられた」と主張し、その信用性等を争ってくることもあります。これを防ぐため、文書等をこれから作成しようという場合には、依頼者に対し、不貞行為について時期や場所、経緯などにより具体的に特定すること、文書作成時のやりとり・会話内容を（一部分だけでなく全体を）記録・録音しておくことなどをアドバイスしましょう。

不貞行為を示すSNS上のやりとりや写真

各種SNSでの「昨日はお泊り楽しかったね」「愛してる。早く離婚してずっと一緒に居ようね」などのやりとりは、両者が親密な男女の関係にあることを示すものであり、不貞行為立証のための有用な証拠になります。

「ふたりきりの寝間着の写真」や「行楽地で手をつないでいる写真」なども、同様に両者が親密な男女の関係にあることを示す証拠になります。写真の日付が連続している場合には、宿泊していることを裏づける証拠としても使える可能性がありますから、写真の内容だけでなく、その撮影日にも着目してください。

これらの証拠は携帯電話やパソコンに保存されていることがほとんどです。なかには何度も暗証番号を試したり、寝ている配偶者の顔での認証や指を使ったりなどで携帯電話のロックを解除し、その中身をコピーして相談に来る方もいますが、配偶者の携帯電話を無断で見ることは原則として許されることではなく、トラブルの原因にもなりますから、当該データの取扱いには注意しなければなりません。

なお、自家用車に標準装備されていたドライブレコーダーに、たまたま配偶者と不貞相手のやりとりの一部始終が撮影されており、当該撮影データなどから不貞行為の立証に成功した事案もあります。ただし、配偶者の行動を監視する目的でドライブレコーダーを自家用車に設置することは、配偶者のプライバシーを侵害し得る行為であるため、避ける必要があります。

領収証、クレジットカードの利用明細

領収証やクレジットカードの利用明細は、配偶者が不貞相手と行っ

た場所、その頻度などを調べる端緒になります。宿泊日や宿泊先ホテルなどを特定することができれば、SNSなど他の証拠と結びつけることで、不貞行為を裏づける証拠になり得ます。

興信所に依頼することの適否

「不貞行為の立証のために興信所に依頼したほうがよいですか？」との相談を受けることがあります。

筆者は、証拠がほとんどないなどの事情がなければ、興信所への依頼は基本的におすすめしていません。興信所の費用は、少なくとも30万円以上、調査内容によってはさらに高額になることもあります。過去には300万円以上を興信所に支払っていた相談者もいました。

相手方に調査費用を請求することができればよいのですが、それができるとも限りませんし、できるとしても原則として50万円を超える調査費用の請求は困難といえます。まずは、今ある証拠で不貞行為を立証することを目指しましょう。そしてそれが困難だとなった場合に、慰謝料の相場（150万～200万円）や興信所の費用などについて十分に説明したうえで、興信所への依頼を慎重に検討すればよいと思います。

立証が困難な場合

不貞行為の立証が不十分な場合、慰謝料請求が認められることはないのでしょうか？

不貞行為の立証

たとえば配偶者が第三者と極めて親密な関係にあることまでは立証できたとしても、これだけでは不貞行為の立証としては不十分です。さらにふたりが性的関係を結んでいたことまでも立証する必要があります。不貞行為を立証するのは、容易なことではないのです。

もっとも、不貞慰謝料の発生根拠は、「婚姻共同生活の平和の維持という権利または法的保護に値する利益の侵害」です。婚姻共同生活の平和を侵害する行為は、必ずしも不貞行為だけに限られるものではなく、不貞行為の立証が不十分な場合でも、「不貞類似行為」の概念により慰謝料請求が認められることがあります。

不貞類似行為による慰謝料請求

たとえば配偶者と第三者が「夫婦か恋人のような親密な交際関係」（＝不貞関係に準じる関係）にあったと評価できれば、そのような関係にあったこと自体が婚姻共同生活の平和を侵害する行為であり、このような不貞類似行為により一方配偶者による他方配偶者および不貞相手に対する慰謝料請求も成り立つものと考えられます。

裁判例においても、「第三者が配偶者の相手配偶者との婚姻共同生活を破壊したと評価されれば違法たり得るのであって、第三者が相手

☞ 不貞行為の立証が不十分な場合でも、不貞類似行為の概念により慰謝料請求が認められることがある。

配偶者と肉体関係を結んだことが違法性を認めるための絶対的要件とはいえない」と判示するものがあります（東京地裁平成17年11月15日判決）。この判示に従えば、肉体関係があったことまでは立証することができなかったとしても、同棲を始めた、ふたりで旅行に行っている、頻繁に行楽地に出向いているなどの事情を取り上げて、他方配偶者と第三者とのあいだに不貞類似行為があったとして慰謝料請求が認められる可能性も十分にあります。

証拠関係に照らして不貞行為の立証が困難な事案であっても、あきらめてはいけません。関連する以下の裁判例等も調査のうえ、不貞類似行為による慰謝料請求を予備的に行いましょう。

- □ 東京簡裁平成15年3月25日判決
- □ 東京地裁平成20年12月5日判決
- □ 東京地裁平成22年12月21日判決
- □ 東京地裁平成28年9月16日判決　など

慰謝料請求の消滅時効

慰謝料請求の消滅時効の期間と起算点について教えてください。

消滅時効の期間

慰謝料請求の訴訟物は、不法行為による損害賠償請求権です（民法709条）。したがって、損害および加害者を知った時から3年間、不法行為の時から20年間行使しないときは、慰謝料請求権は時効によって消滅します（同法724条）。

慰謝料請求の起算点

他方配偶者に対する慰謝料請求について、個別慰謝料（個々の有責行為そのものに対する慰謝料）の起算点は有責行為時です。ただし、婚姻中にされた夫婦間の不法行為に基づく損害賠償請求権は、婚姻解消の時から6か月間は時効が完成しません（民法159条）。離婚慰謝料（離婚に至ったという結果そのものに対する慰謝料）の起算点は離婚成立時です。

他方配偶者の不貞相手に対する離婚慰謝料については、最高裁平成31年2月19日判決が、原則としてその請求を否定しています。そのため、不貞相手に対する慰謝料請求は、有責行為時のみが消滅時効の起算点になると考えられます。

☞ 慰謝料請求権は、有責行為の事実および不貞相手を知った時から３年で消滅時効にかかる。

☞ ただし、有責行為の結果、離婚を余儀なくされたことに対する慰謝料請求については、離婚成立日から３年である。

最高裁平成 31 年 2 月 19 日判決の趣旨

原則：夫婦の一方と不貞行為に及んだ第三者（不貞相手）は、夫婦を離婚させたことを理由とする不法行為責任（離婚慰謝料）を負うことはない。

例外：単なる不貞行為だけではなく、当該第三者（不貞相手）が夫婦を離婚させることを意図してその婚姻関係に対する不当な干渉をするなどして当該夫婦を離婚のやむなきに至らしめたものと評価すべき特段の事情がある場合には、当該第三者も離婚慰謝料の不法行為責任を負う。

理由：離婚による婚姻関係の解消は、本来、夫婦のあいだで決められるべき事柄であるため。

「特段の事情がある場合」とは、不貞相手が不貞関係を持った配偶者をだます、脅迫するなどの方法により、当該配偶者の離婚に対する自由な意思決定を妨害する行為を行った場合等、限定的な事情がこれに当たると考えられます。その主張立証責任は、離婚慰謝料を請求する側（原告側）が負うものと考えられます。

配偶者とその不貞相手の不貞慰謝料にかかる債務は不真正連帯債務になるものと解されますが（最高裁平成 6 年 11 月 24 日判決参照）、両者は被侵害利益が異なり、損害額（個別慰謝料・離婚慰謝料）が異なるため、重なる部分でのみ不真正連帯債務の関係になるものと考えられます。

11

保護命令

いわゆるDV（ドメスティック・バイオレンス）事案においては、
取返しのつかない事態が生じることも懸念されるため、
代理人として常に細心の注意を払って対応する必要があります。
加害者からのさらなる暴力により、被害者の生命・身体に
重大な危害が及ぶおそれがあるケースでは、
保護命令の申立ても積極的に検討すべきです。
本章では、その手続きとポイントをコンパクトにまとめます。

D V事案への対応

DV（ドメスティック・バイオレンス）を離婚原因とする離婚手続に関与する場合、どのような点に注意しなければなりませんか？

被害者の代理人になった場合の対応

DV 案件の被害者の代理人になった場合には、被害者の保護を図り、その生活の平穏を維持することが極めて重要となります。取返しのつかない事態が生じることを避けるため、代理人として、常に細心の注意を払って対応しなければなりません。

加害者による、被害者へのさらなる暴力等を防ぐための方策を講じましょう。また、被害者と加害者が別居した場合、別居後の被害者の住所地等が加害者に知られないようにすることはもちろん、離婚調停・離婚訴訟などの場で両者が万が一にも鉢合わせたりすることのないよう工夫することも必要です。配偶者からの暴力の防止及び被害者の保護等に関する法律（DV 防止法）に基づく保護命令（被害者への接近禁止命令／住居からの退去命令等／被害者への電話等禁止命令／子への接近禁止命令／親族等への接近禁止命令）の申立ても検討しましょう。

☞ 加害者に別居後の被害者の住所地等が知られることのないよう、細心の注意を払わなければならない。離婚調停などで加害者と被害者が鉢合わせたりすることのないよう工夫することも必要となる。

☞ 状況に応じ、DV シェルターを利用することや、DV 防止法に基づく保護命令を申し立てることも検討しよう。

【加害者に別居後の被害者の住所地等を知られないための方策】

- □ 別居後、当面のあいだは、被害者の住民票を別居後の住所地に異動しないこと。異動する場合には、必ず市役所に住民票等の交付制限の申出（DV等支援措置の申出）を行うこと
- □ 被害者が使用する携帯電話に、加害者がGPSアプリを入れていないか、慎重に確認すること
- □ 被害者の生活実態等を把握されないよう、SNSなどによる発信は厳に控えてもらうこと
- □ 同居時に夫婦で共用していた電子メールのアドレスは、連絡手段として決して使用しないこと
- □ 裁判所に対して保護命令や離婚調停の申立て等を行う際には、非開示の希望に関する申出を必ず行うとともに、提出書類（申立書、委任状など）や書証に被害者の住所地などの秘匿情報を決して記載しないこと（記載がある場合には、該当箇所にマスキング処理を行うこと）

【離婚調停などで加害者と被害者が接触することを防ぐ方策】

- □ 離婚調停などの開始・終了時刻や集合場所（階数）をずらすことを裁判所に上申すること
- □ 規模の大きい本庁回付の上申も検討すること
- □ 加害者の被害者に対する危害のおそれが大きい場合には、代理人のみで離婚調停等に出席すること

DV シェルターへの避難

まだ被害者が加害者と同居しているという場合、被害の状況によっては、DV シェルターへの避難を勧めるべきこともあります。配偶者暴力支援センター、女性相談窓口、福祉事務所および最寄りの警察署等への橋渡しも、弁護士にとっての大切な仕事です。

DV シェルターとは、配偶者や恋人から暴力等を受けた被害者が緊急一時的に避難できる施設で、行政が運営する公的シェルター（原則無料）と、民間団体が運営する民間シェルター（有料の場合には一般的に1日500円から1000円程度が必要）があります。子どもに年齢制限が設けられている場合もありますが、子どもも一緒に通常2週間程度利用でき、避難後は福祉事務所の相談員などの支援を受けながら、長期的に入所できる母子生活支援施設等への転居を目指します。被害者の身を守ることを第一に、所在地は一般的に非公開となっているとともに、自由な外出（通勤、通学なども含みます）や携帯電話等の利用が禁止されるなど行動制限が伴うのが原則です。

配偶者からの暴力で依頼者の身の安全が脅かされていると感じられる場合に対策を講じることができるよう、DV シェルターについてもきちんと知識を得ておきましょう。いざ避難するとなった場合には、現金、預金通帳、印鑑、キャッシュカード、健康保険証、運転免許証などの身分証明書、常備薬、裁判で証拠になり得る書類などを可能な限り持ち出したほうがよく、この点のアドバイスができるとよいと思います。

弁護士自身の身を守るために……

時として、弁護士も加害者の標的になることがあります。近時、インターネットを通じての誹謗中傷なども増えていますし、過去には弁護士が事件の相手方に殺害される事件も起きました。

弁護士自身も身の危険を感じるような事案はもちろんのこと、業務妨害を受けるおそれがあるような事案については、ひとりで抱え込んではいけません。複数の弁護士で共同受任する（心理的な負担を軽減するだけでなく、標的を分散させる効果も期待できます）、日弁連や各弁護士会に設置されている弁護士業務妨害対策委員会に相談するなど、自身の身を守る方策もしっかり講じましょう。

保 護命令

保護命令にはどのようなものがあるのですか？

保護命令

保護命令とは、配偶者（内縁の相手を含みます）からの身体に対する暴力または生命等に対する脅迫を受けた被害者が、今後も身体に対する暴力を受けることによりその生命または身体に重大な危害を受けるおそれが大きいときに、裁判所が被害者からの申立てにより、加害者に対し被害者への接近等を禁止する命令を発するものです。DV 防止法 10 条以下に定められています。配偶者に類する、生活の本拠を

□ 保護命令

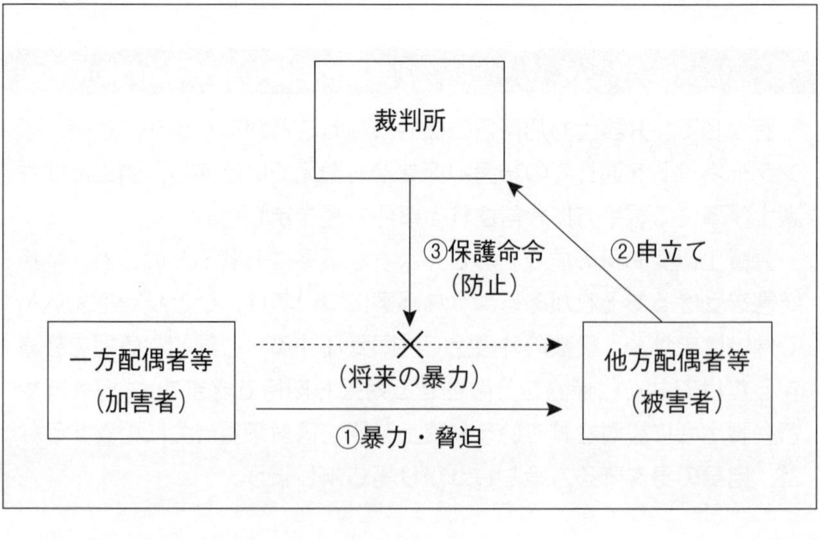

☞ 保護命令には、①被害者への接近禁止命令、②住居からの退去命令等、③被害者への電話等禁止命令、④子への接近禁止命令、⑤親族への接近禁止命令の５種類がある。

☞ 加害者が保護命令に違反した場合、１年以下の懲役または100 万円以下の罰金に処せられる。

共にする交際相手から暴力・脅迫を受けた被害者についても準用されます。

DV 防止法があくまで配偶者からの暴力の防止と被害者の保護を目的とするものである（同法前文）ことから、保護命令は、発令されても被害者と加害者の身分関係、財産関係に変動を及ぼすものではありません（別途、離婚調停などの申立てが必要です）。また、保護命令手続の中で加害者と和解などを行うことはできません。

保護命令の種類

保護命令には、次の５種類があります（DV 防止法 10 条）。

- □ 被害者への接近禁止命令（１項１号）
- □ 住居からの退去命令等（１項２号）
- □ 被害者への電話等禁止命令（２項）
- □ 子への接近禁止命令（３項）
- □ 親族等への接近禁止命令（４項）

被害者への接近禁止命令

本命令の効力が生じた日から６か月間、被害者へのつきまといや被害者の住居（被害者と加害者が生活の本拠としている住居は除きます)、勤務先など、被害者が通常所在する場所を徘徊することを加害者に禁止する命令です。

住居からの退去命令等

本命令の効力が生じた日から2か月間、加害者に対し、被害者と生活の本拠としている住居からの退去および当該住居の付近を徘徊することを禁止する命令です。その目的は着の身着のままで避難した被害者が従前の住居から転居先に衣類などの生活物資を運び出すことにあり、そのため退去命令等を申し立てることができるのは、被害者と加害者が同居している場合(一時的に避難している場合を含みます)に限られます。

退去命令は加害者の居住権等を直接侵害するものであるため、裁判所は、他の保護命令と比べ、より慎重に判断する傾向にあります。被害者の代理人となった場合は、裁判所に退去命令の発令を促すため、「従前の住居から転居先に荷物の搬出等が終わった段階で、退去命令の取消しを申し立てる」旨を申立書に記載する(DV 防止法 17 条1項参照)などの措置を講じることも有効です。

被害者への電話等禁止命令

被害者への接近禁止命令の期間中、加害者に対し、被害者への次に掲げるいずれの行為も禁止する命令です。

- □ 面会を要求すること
- □ 行動を監視していると思わせるような事項を告げることなど
- □ 著しく粗野または乱暴な言動をすること
- □ 無言電話、または緊急やむを得ない場合を除き、連続して電話をかけたりFAX・電子メールを送ったりすること
- □ 緊急やむを得ない場合を除き、夜間(午後10時から午前6時までの間)に電話をかけること、FAX・電子メールを送ること

□ 汚物・動物の死体等の著しく不快または嫌悪の情を催させるような物を送付することなど
□ 名誉を害する事項を告げることなど
□ 性的羞恥心を害する事項を告げることなど、または性的羞恥心を害する文書・図画を送付することなど

本命令は、接近禁止命令の実効性の確保を目的とするものです。そのため、本命令の期間は、接近禁止命令の有効期間内に限られます。また、本命令を単独で申し立てることはできません。接近禁止命令を申し立てる際に同時に申し立てるか、命令が出ている場合に追加で申し立てることとなります。

子への接近禁止命令

被害者への接近禁止命令期間中、被害者と同居する未成年者の子へのつきまといや、学校など子が通常所在する場所を徘徊することを加害者に禁止する命令です。

本命令の目的は、加害者が子を連れ戻す等して、被害者が加害者と面会することを余儀なくされることを防止することにあります（加害者が子に虐待を加える危険性がある場合には、基本的には「児童虐待の防止等に関する法律」で対処する必要があるため、まずは児童相談所に相談することになります）。そのため、本命令の期間は被害者への接近禁止命令の有効期間内に限られ、また、本命令を単独で申し立てることはできません。

なお、子が15歳以上であるときは、本命令の申立てには子の同意が必要です（DV防止法10条3項ただし書）。

親族等への接近禁止命令

被害者への接近禁止命令期間中、加害者に対し、被害者の親族（両親、兄弟姉妹、成人の子など）その他被害者と社会生活において密接

な関係を有する者（ただし、被害者と同居している者は除きます）へのつきまといや、親族等の住居・勤務先など親族等が通常所在する場所を徘徊することを禁止する命令です。

本命令の目的は、加害者が親族等の住居に押しかけて著しく粗野または乱暴な言動（たとえば、被害者の転居先を教えるように迫るなど）を行うなどして、被害者が加害者と面会することを余儀なくされることを防止することにあります。そのため、本命令の期間は、被害者への接近禁止命令の有効期間内に限られ、また、本命令を単独で申し立てることはできません。

なお、本命令の申立てには、保護命令の対象となる親族等の同意が必要です（DV 防止法 10 条 5 項）。

□ 保護命令の種類の整理

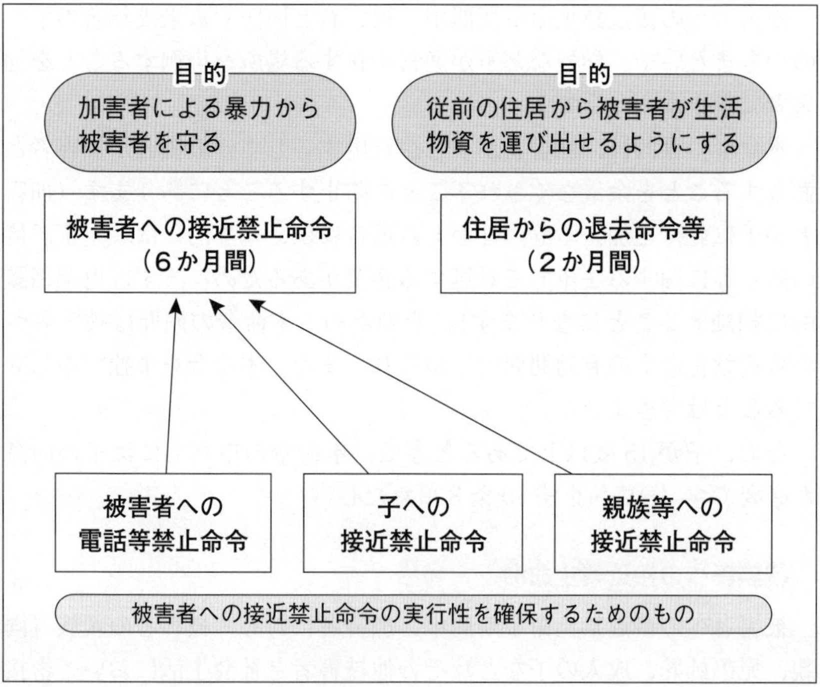

罰 則

前記５種類の保護命令に違反した者は、刑事罰（１年以下の懲役または100万円以下の罰金）に処されます（DV防止法29条）。保護命令に執行力はなく、強制執行はできません（同法15条５項）。

なお、被害者も、保護命令申立書に虚偽の記載をした場合は10万円以下の過料に処されます（同法30条）。

さらなる暴力被害等を防ぐために心がけたいこと

たとえば被害者が加害者から身を隠しているようなこともあります。このような場合、被害者の避難先等が加害者に判明してしまえば、被害者がさらなる暴力被害等に遭う危険性も懸念されるところです。避難先等を秘匿するため、保護命令の申立てに際し、加害者と従前同居していた住所を被害者の住所として申立書・委任状に記載するなどの対応が必要です。

また、裁判所に提出する資料（診断書等）などに被害者の避難先等の住所が記載されていないか、細心の注意を払って確認してください。記載がある場合には、当該箇所にマスキング処理をして申立てを行う必要があります。

保護命令の発令要件

保護命令の発令要件を教えてください。

保護命令の主な発令要件

保護命令の申立権者は、被害者である配偶者等のみです（DV防止法10条1項柱書）。子や親族等が、被害者のために代わって申し立てることはできません。

保護命令の主な発令要件は、次のとおりです。

□ 加害者が配偶者等であること
□ 夫婦関係中または同居中の暴力・脅迫であること
□ 加害者からのさらなる暴力による重大な危害のおそれが大きいこと
□ 配偶者暴力相談支援センター（DVセンター）・警察に相談した事実があること

被害者や加害者が外国人であっても、保護命令の対象となります。

なお、15歳以上の子への接近禁止命令には当該子の同意が、親族等への接近禁止命令には当該親族等の同意が、それぞれ必要になります。

☞ 保護命令の主な発令要件は、①配偶者等から、②身体に対する暴力または生命等に対する脅迫を受け、③今後もさらなる暴力を受けることで重大な危害を受けるおそれが大きく、④ DV センター・警察への相談等が行われていることである。

要件①：加害者が配偶者等である

加害者が配偶者または生活の本拠を共にする交際相手（婚姻関係における共同生活に類する共同生活を営んでいない者を除きます）であることが必要です。対象となる「配偶者」には、法律上の婚姻関係にある者のほか、事実上の婚姻関係（内縁関係）にある者も含まれます（DV 防止法１条３項)。また、「生活の本拠を共にする」とは、住民票上の住所による形式的・画一的な判断ではなく、基本的に共同生活の実態により外形的・客観的に判断されます。一時的にホテルや実家に避難している、一時保護を受けているといった場合も、生活の本拠を共にしている場合に含まれると考えられます。

申立て前に夫婦関係等を解消した場合でも、「夫婦関係等の解消前」に身体的暴力または生命・身体に対する脅迫を受けていた場合には、その暴力等を理由に保護命令の申立てを行うことができます（DV 防止法 10 条１項柱書)。逆に、夫婦関係中または同居中に暴力等がなく、「夫婦関係等の解消後」に初めて暴力等を受けた場合には、保護命令の申立てを行うことはできません。この場合には、刑法（204 条（傷害)、208 条（暴行)、222 条１項（脅迫）等）やストーカー行為等の規制等に関する法律の対象になり得ますので、まずは警察に相談することになります。

なお、保護命令の発令後、当事者が夫婦関係等を解消しても、保護命令の効力に影響しません。

要件②：夫婦関係中または同居中の暴力・脅迫である

保護命令の制度でいう「暴力」とは、身体に対する不法な攻撃であり、配偶者等の生命または身体に危害を及ぼすものを指します（DV防止法1条1項）。「身体に対する不法な攻撃」に当たらない精神的暴力および性的暴力は、保護命令の対象となる「暴力」に含まれません（ただし、精神的暴力・性的暴力がDVセンターの保護対象となることはあります）。

また、「脅迫」とは、たとえば「殺すぞ！」「殴るぞ！」などといった生命・身体に対する脅迫を指します（DV防止法10条1項柱書）。

要件③：さらなる暴力による重大な危害のおそれが大きい

加害者からのさらなる暴力により、被害者がその生命または身体に重大な危害を受けるおそれが大きい事情があることが求められます。加害者の被害者に対する従前の暴行態様やその頻度、加害者の発言、メールなどによって、さらなる暴力による重大な危害のおそれがあることを証明します。

要件④：DVセンター・警察に相談した事実がある

保護命令の申立てを行うためには、「DVセンターか警察（生活安全課等）に相談し、または援助もしくは保護を求めた」という事実または公証人が作成した宣誓供述書のいずれかが必要です（DV防止法12条1項5号、2項）。

宣誓供述書とは、被害者が加害者からの暴力を受けた状況等についての陳述書を公証役場に持参して、公証人の面前で宣誓したうえで公証人の認証を受けた書面です。公証人の認証を受けるためには1万1000円の手数料が必要です。実務では、宣誓供述書を作成することは少なく、DV センター・警察に相談することがほとんどだと思います（相談時に作成する相談票も、暴力等の証拠の1つとなり得ます）。

なお、保護命令の発令後、その効力期間が経過した後に、当該保護命令を求める根拠となった暴力等を理由として再度の保護命令の申立てを行うことが可能ですが、その際には再度、DV センター・警察へ相談等に行く必要があります。

DV 防止法改正に向けた動き

現在、保護命令の拡充や実効性の確保等を目指し、DV 防止法改正に向けた議論が進んでいます。政府が発表した同法改正の素案のポイントは次のとおりです。

①保護命令の対象の拡大：

「身体的暴力」だけでなく、言葉や態度で追い込む「精神的暴力」や、中絶を強要するなどの「性的暴力」を追加する。

※現在は DV 防止法１条で「『配偶者からの暴力』とは、配偶者からの身体に対する暴力又はこれに準ずる心身に有害な影響を及ぼす言動」と規定されているため、モラハラなどの「暴言」では保護命令は認められない。

②接近禁止命令の期間の延長：

「6か月」を「1年」に延長する。

③厳罰化：

保護命令に違反した場合の懲役刑を「1年以下」から「2年以下」とする。

保護命令の申立て

保護命令の申立てについて教えてください。

管轄裁判所

次のいずれかの地を管轄する地方裁判所に保護命令の申立てを行うことができます（DV 防止法 11 条）。通常の家事事件と異なり、管轄裁判所が家庭裁判所ではないことに注意が必要です。

- □ 加害者の住所（日本に住所がないときまたは住所が不明なときは居所）の所在地
- □ 被害者の住所または居所の所在地
- □ 加害者からの身体的暴力または生命等に対する脅迫が行われた地

申立手続費用

- □ 収入印紙 1000円
- □ 郵便切手 2300円分程度

必要となる郵便切手の額・内訳は、裁判所により異なりますので、申立て前にホームページや窓口で確認してください。

なお、加害者に対する申立書類等の郵送が困難であるときには、執

☞ 保護命令の申立ては、「加害者の住所または居所の住所地」「被害者の住所または居所の所在地」「加害者の暴力等が行われた地」のいずれかを管轄する地方裁判所に対して行う。

☞ 申立てにあたっては、①夫婦関係等を証明する資料、②身体的暴力・脅迫を受けたことを証明する資料、③加害者からのさらなる身体的暴力による重大な危害のおそれが大きいことを証明する資料が必要となる。

行官による送達を実施する必要があり、その際には執行官送達費用として1万円程度が別に必要となります。

申立て時の必要書類

申立て時の必要書類について、一般的な例を示します。添付書類は1部、証拠書類は2部、裁判所に提出する必要があります。

①	申立書　2部（正本・副本）
②	夫婦関係等を証明する資料
	法律上の夫婦関係を証明する資料【添付書類】 □ 戸籍謄本または住民票（マイナンバーの記載がないもの）の原本
	事実上の夫婦関係または生活の本拠を共にする交際であることを証明する資料【証拠書類】 □ 当事者双方の住民票（原本・写し） □ 同居時の建物賃貸借契約書 □ 健康保険証（内縁関係の配偶者でも健康保険の被扶養者にすることが可能） □ 連名の挨拶状 □ 生計が同一であったことを示す資料（公共料金の請求書など） □ 被害者の陳述書　など

③	身体的暴力・脅迫を受けたことを証する資料【証拠書類】 □ 受傷部位の写真（原本・写し） □ 暴行・脅迫中の動画や録音データ □ 怪我の診断書（原本・写し） □ 加害者からのメール □ DV被害の日記 □ 被害者本人や第三者の陳述書　など ※申立てを受けた裁判所は、DVセンターや警察から被害者の相談票の送付を受ける。DVセンターや警察への相談を行っていない場合には、申立書に添付する方法により、宣誓供述書を提出する必要がある。
④	さらなる身体的暴力による重大な危害のおそれが大きいことを証する資料【証拠書類】 □ 加害者からのメール □ DV被害の日記 □ 被害者本人や第三者の陳述書　など ※加害者が過去に暴力を振るったことを認めながらも、今後は暴力を振るわないことを誓約することで、「さらなる身体的暴力による重大な危害のおそれはない」と主張することがある。このような場合、被害者側としては、加害者が過去にも同じような約束をしながらも暴力を繰り返してきた事情などを主張立証することなどが考えられる。
⑤	（弁護士が代理する場合）委任状

子への接近禁止を求める場合

子への接近禁止命令は、単独で申し立てることはできません。被害者への接近禁止命令と同時に申し立てるか、被害者への接近禁止命令が出ている場合に追加で申し立てることになります。

接近禁止の対象となる子が15歳以上の場合、申立てには子の同意が必要です。当該子が申立てに同意していることを証明する資料が必要となります。

①	子への接近禁止命令が必要である事情を記載した被害者の陳述書（原本・写し）【証拠書類】
②	接近禁止の対象となる子が15歳以上の場合、その同意を証する資料 □ 子の同意書（原本・写し）【証拠書類】 □ 同意書の署名が子本人のものであることがわかる資料（子の手紙、テスト用紙など）【添付書類】

親族等への接近禁止を求める場合

親族等への接近禁止命令は、単独で申し立てることはできません。被害者への接近禁止命令と同時に申し立てるか、被害者への接近禁止命令が出ている場合に追加で申し立てることになります。

接近禁止の申立てには、親族等の同意が必要です。当該親族等が申立てに同意していることを証明する資料が必要となります。

①	親族等への接近禁止命令が必要である事情を記載した被害者の陳述書（原本・写し）【証拠書類】
②	親族等の同意を証する資料 □ 被害者と親族等の身分関係に関する資料（戸籍謄本など）【添付書類】 □ 接近禁止の対象となる親族等の同意書（原本・写し）【証拠書類】 □ 同意書の署名捺印が親族等本人のものであることがわかる資料（印鑑登録証明書、親族等の手紙など）【証拠書類】

手続きの流れ

保護命令手続の流れはどのようになるのですか？

保護命令の手続きの流れ

相手方からの暴力または脅迫

↓

DV センター・警察へ相談

※事前相談がされていない場合、申立てにあたって公証人の認証を受けた宣誓供述書を提出する必要がある。

↓

保護命令の申立て

※申立て前にあらかじめ、裁判所に対し裁判官面接の日程調整の連絡を行う。

↓

申立人の裁判官面接

※申立てから裁判官面接が終わるまで、おおむね２時間から３時間程度が見込まれる。

↓

相手方審尋期日

※通常、申立人の面接終了後１週間後くらいに相手方審尋期日が設けられる。

※申立人がこの審尋期日に出席する必要はない。

↓

保護命令の申立てについての決定

※告知によって保護命令の効力が発生する。

☞ 保護命令の申立てを受け、裁判官面接 → 相手方審尋期日 → 裁判所の決定を経て、相手方への決定の告知がなされる。

保護命令の効力発生日

保護命令は、裁判所が加害者の出頭した口頭弁論または審尋の期日で保護命令を言い渡した時、または保護命令を発令し、加害者が決定書を受領した時から効力が発生します（DV 防止法 15 条 2 項）。早ければ相手方審尋期日の当日に保護命令の効力が生じます。

注意点

保護命令の申立て前に、裁判官面接の日程調整の連絡を裁判所に対し行う必要があります。なお、東京地方裁判所本庁では、保護命令申立事件の迅速な裁判の要請（DV 防止法 13 条）から、原則として申立ての当日に裁判官面接を行う運用となっています。被害者本人は、少なくともその日の半日程度は予定を空けておかなければなりません。

12 離婚後の手続き

離婚が成立すると、さまざまな手続きが必要となります。
弁護士にはあまりなじみのない手続きもありますが、
漏れが生じることのないよう、各種手続に目を配り、
アドバイスできるとよいでしょう。

婚 氏続称

婚姻によって氏を改めた夫または妻が、離婚後もその氏を使い続けるためには、どのような手続きが必要ですか？

婚氏続称届の提出

婚姻によって氏を改めた夫または妻は、離婚によって、旧姓に復するのが原則です（民法767条1項、771条）。しかし、氏を改めた本人が、離婚の日から3か月以内に「離婚の際に称していた氏を称する届」（この届を「婚氏続称届」といいます。戸籍法77条の2）を本籍地または所在地の市区町村役場に提出すれば、婚姻中の氏を使い続けることができます（民法767条2項、771条）。離婚に際し、一時的にも復氏することなく婚姻中の氏を使い続けるためには、離婚届の提出と同時に婚氏続称届を提出するとよいでしょう。

このことから、離婚届の提出は、婚姻によって氏を改めた当事者が行うほうが望ましいといえます。婚姻によって氏を改めた夫または妻の代理人として離婚事件を処理する際は、依頼者自身が離婚届を提出できるよう留意しましょう。

婚氏続称届提出後に旧姓に戻す場合

婚氏続称届を提出したものの、その後、旧姓に戻すということもあります。この場合には、家庭裁判所に対し、氏の変更許可を申し立てることが必要です。戸籍法107条1項によれば、氏の変更には「やむを得ない事由」が必要とされますが、この要件は、婚氏続称後の復氏

☞ 「婚氏続称届」を離婚の日から３か月以内に本籍地または所在地の市区町村役場に提出する。

の場合、通常の氏の変更よりも緩やかに解釈されます（大阪高裁昭和52 年 12 月 21 日決定)。

□ 婚氏続称届

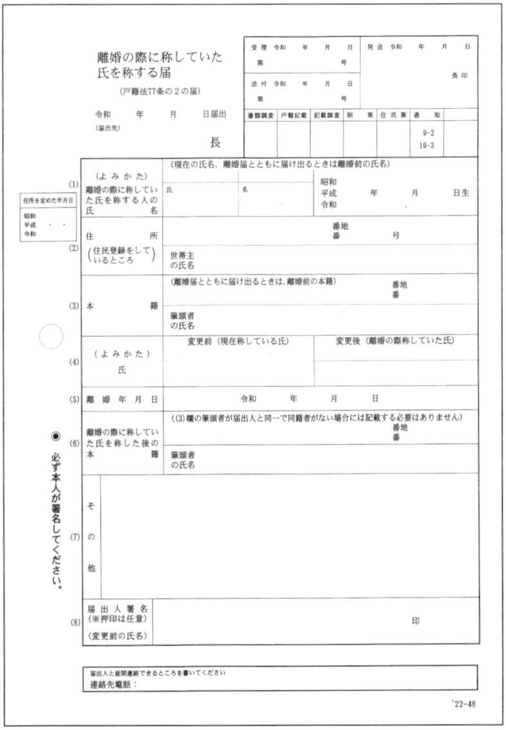

離婚の際に称していた
氏を称する届
（戸籍法77条の２の届）

令和　年　月　日届出
（届出先）
長

受理　令和　年　月　日
第　号
送付　令和　年　月　日
第　号
発送　令和　年　月　日
長印

書類調査	戸籍記載	記載調査	附　票	住民票	通　知	
					9-2 19-3	

住所を定めた年月日
昭和
平成　・　・
令和

(1)	（よみかた） 離婚の際に称していた氏を称する人の氏名	（現在の氏名、離婚届とともに届け出るときは離婚前の氏名） 氏　名 昭和 平成　年　月　日生 令和
(2)	住所 （住民登録をしているところ）	番地 番　号 世帯主の氏名
(3)	本籍	（離婚届とともに届け出るときは、離婚前の本籍） 番地 番 筆頭者の氏名
(4)	（よみかた） 氏	変更前（現在称している氏） 変更後（離婚の際称していた氏）
(5)	離婚年月日	令和　年　月　日
(6)	離婚の際に称していた氏を称した後の本籍	（(3)欄の筆頭者が届出人と同一で同籍者がない場合には記載する必要はありません） 番地 番 筆頭者の氏名
(7)	その他	
(8)	届出人署名 （※押印は任意） （変更前の氏名）	印

◉ 必ず本人が署名してください。

届出人と昼間連絡できるところを書いてください
連絡先電話：

'22-48

子の氏の変更

夫を筆頭者とする戸籍に妻と子が載っていましたが、離婚により妻がこの戸籍から抜けました。妻が子の親権者となることから、子を妻の戸籍に移したいのですが、どのような手続きが必要ですか？

子は必ずしも親権者の戸籍に載るわけではない

夫を筆頭者とする戸籍に妻と子どもが載っている場合に、離婚届を提出すると、妻だけがこの戸籍から除籍されます。このとき何も手続きがされなければ、子どもは、離婚時に母親を親権者と定めた場合であっても、父親の戸籍に載り続けることになります。子どもは、必ずしも親権者の戸籍に載るわけではないのです。

子を妻の戸籍に移すには

夫の戸籍から除籍された妻は、原則として、婚姻前の戸籍に戻り、旧姓に復します（戸籍法19条1項）。しかし、その戸籍が妻の父母いずれかを筆頭者とする戸籍である場合には、当該戸籍に子どもを移すことはできません（同法6条：三代戸籍禁止の原則）。子どもを妻の戸籍に移すためには、その前提として、妻単独の戸籍が編製されていることが必要です。そのため、妻は、離婚届提出時に、新戸籍編製の申出を行う必要があります（同法19条1項ただし書）。なお、妻が婚氏続称届を提出した場合には、それにより妻単独の戸籍が編製されます（同条3項）。

このようにして妻が単独の戸籍を編製した後、子どもにおいて、家庭裁判所に対し、子の氏の変更許可審判の申立てを行います（民法

☞ 子どもを妻の戸籍に移すためには、その前提として、妻単独の戸籍が編成されていなければならない。

☞ 妻単独の新戸籍を編成後、家庭裁判所に子の氏の変更許可審判の申立てを行い、変更許可審判を市区町村役場に届け出る。

791条1項)。子どもが15歳未満の場合には、子の法定代理人においてこの申立てを行うことになります（同条3項)。家庭裁判所の変更許可審判が出た後、市区町村役場にこれを届け出ると、子どもは母親の戸籍へ入籍します。

□ 子の入籍届

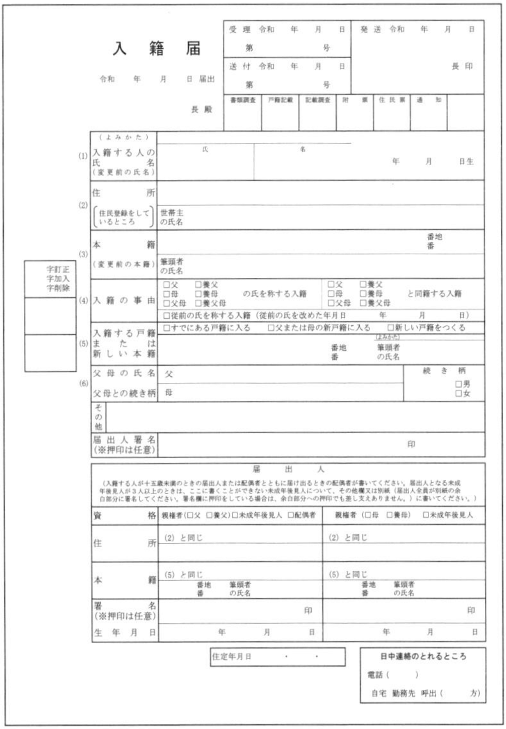
入　籍　届
令和　年　月　日 届出
長 殿
受理 令和　年　月　日 第　号
送付 令和　年　月　日 第　号
発送 令和　年　月　日
長 印
書類調査 | 戸籍記載 | 記載調査 | 附票 | 住民票 | 通知

(1)	（よみかた）入籍する人の氏名（変更前の氏名）	氏　名　年　月　日生
(2)	住所（住民登録をしているところ）	世帯主の氏名
(3)	本籍（変更前の本籍）	番地 番　筆頭者の氏名
(4)	入籍の事由	□父 □養父 □母 □養母 □父母 □養父母 の氏を称する入籍　□父 □養父 □母 □養母 □父母 □養父母 と同籍する入籍 □従前の氏を称する入籍（従前の氏を改めた年月日　年　月　日）
(5)	入籍する戸籍または新しい本籍	□すでにある戸籍に入る　□父または母の新戸籍に入る　□新しい戸籍をつくる 番地 番　（よみかた）筆頭者の氏名
(6)	父母の氏名 父母との続き柄	父　母　続き柄 □男 □女
	その他	
	届出人署名（※押印は任意）	印

字訂正
字加入
字削除

届　出　人
（入籍する人が十五歳未満のときの届出人または配偶者とともに届け出るときの配偶者が書いてください。届出人となる未成年後見人が３人以上のときは、ここに書くことができない未成年後見人について、その他欄又は別紙（届出人全員が別紙の余白部分に署名してください。署名欄に押印をしている場合は、余白部分への押印でも差し支えありません。）に書いてください。）

資格	親権者(□父 □養父)□未成年後見人 □配偶者	親権者（□母 □養母） □未成年後見人
住所	(2) と同じ	(2) と同じ
本籍	(5) と同じ　番地 番　筆頭者の氏名	(5) と同じ　番地 番　筆頭者の氏名
署名（※押印は任意）	印	印
生年月日	年　月　日	年　月　日

住定年月日　・　・

日中連絡のとれるところ
電話（　　）
自宅 勤務先 呼出（　　方）

財産分与の履行

財産分与の履行を受けるには、どのような手続きが必要になりますか？

不動産の所有権移転登記手続

財産分与として不動産を取得する場合には、所有権移転登記手続を行います。調停調書や判決書に基づいて移転登記手続を行う場合は、相手方の協力なしに、分与を受ける側の当事者が単独で手続きを進めることができます。しかし、協議離婚の場合、移転登記手続を進めるためには、印鑑証明書の差入れなどについて、相手方の協力を得る必要があります。公正証書において不動産の財産分与に関する合意をしている場合であっても、当該公正証書に基づいて移転登記手続をすることはできず、やはり相手方から協力を得ることが必要です。

自動車の名義変更手続

財産分与として自動車を取得する場合には、自動車の登録名義変更手続を行うことになります。この手続きには、車検証のほか、旧所有者が実印を押印した譲渡証明書、新・旧両所有者の印鑑証明書などが必要です。ここでもやはり、名義変更手続を進めるためには相手方の協力が必要になる、という点を押さえておきましょう。

☞ 不動産：
所有権移転登記を行う

☞ 自動車・株式・保険：
所定の名義変更手続を行う

☞ 金銭：
支払いがない場合、強制執行手続を検討する

株式・保険の名義変更手続

財産分与として株式を取得する場合、上場株式であれば、証券会社を通じて所定の名義変更手続を行うことが必要になります。他方、非上場株式は、譲渡制限が付されていることが多いと思われます。この場合、株式譲渡承認請求を会社に対して行い（会社法 137 条）、当該会社の取締役会または株主総会において譲渡承認決議を受け（同法 139 条）、その後、株主名簿の名義書換を請求する（同法 133 条）、という流れで名義変更手続を進めることになります。

また、財産分与として保険を取得する場合には、保険会社にて契約者名義の変更手続を行います。保険会社ごとに必要書類などが異なりますので、しっかり確認しましょう。

金銭給付を受ける場合

財産分与として一方当事者から他方当事者へ金員を支払う合意をした場合には、特別な手続きは必要なく、期限どおりに支払ってもらうことが、イコール財産分与の履行になります。約定どおりの支払いがなければ強制執行手続を申し立てることになりますので、協議離婚の場合、できれば公正証書で合意しておくほうが望ましいでしょう。

年金種別の変更

加入中の年金については、離婚後、どのような手続きが必要になりますか？

国民年金被保険者の３つの種別

国民年金被保険者には３つの種別があります。自営業者・学生などの第１号被保険者、会社員・公務員など厚生年金・共済組合に加入している第２号被保険者、そして第２号被保険者に扶養されている配偶者（年収130万円未満）の第３号被保険者です。このうち、第３号被保険者は、配偶者が加入する年金制度によって保険料が支払われているため、自分では保険料を負担していません。

離婚時に第３号被保険者だった場合の手続き

第３号被保険者の要件は、「配偶者」であることです。離婚すると第３号被保険者ではなくなり、第１号被保険者となりますが、この種別変更について、年金事務所または市区町村役場の国民年金担当窓口への届出が必要になります。この手続きの際には、年金手帳またはマイナンバーカード、離婚日付を確認できる戸籍謄本などが必要です。

離婚時に第２号被保険者だった場合の手続き

第２号被保険者が離婚した場合、国民年金被保険者としての種別に

☞ 第３号被保険者だった場合、第１号被保険者への種別変更手続を行う。

☞ 離婚に伴って氏名や住所を変更するときは、第２号被保険者だった場合には勤務先への届出が必要となる。第１号被保険者だった場合は原則として手続きは不要である。

☞ 年金分割の請求手続を忘れずに行わなければならない。

は変更はありません。しかし、離婚に伴って氏名や住所が変わった場合には、勤務先にて所定の氏名・住所変更届出を行うことが必要です。必要書類などは勤務先に確認する必要があります。

離婚時に第１号被保険者だった場合の手続き

第１号被保険者が離婚した場合も、国民年金被保険者としての種別には変更はありません。また、離婚に伴って氏名や住所が変わった場合にも、マイナンバーと基礎年金番号が結びついている場合、変更届出は不要となります。マイナンバーと基礎年金番号が結びついているかどうかは、ねんきんネットや年金事務所で調べることができます。結びつきがなかった場合には、市区町村役場に変更届出を行う必要があります。

年金分割の請求手続も忘れずに

上記は、あくまでも加入中の年金に関する手続きであり、年金分割の請求手続は、別途行う必要があります。年金分割には請求期限があり、これを徒過すると年金分割の権利が喪われてしまいますので、忘れずに手続きしなければなりません。依頼者に対しては、離婚後、早めに請求手続をするように伝えましょう。

年金分割請求

離婚後に行う年金分割の請求手続について教えてください。

年金分割の請求手続

年金分割には「合意分割」と「３号分割」の２種類がありますが、いずれも、離婚成立後に年金分割の請求手続を行うことが必要です。請求期限までに請求手続をしないと年金分割の権利を喪ってしまいますので、依頼者には、離婚後、早めに請求手続をするよう伝えましょう。

請求期限は、離婚成立日の翌日から起算して２年です。ただし、いくつかの特例が定められているので注意が必要です。たとえば、離婚成立日の翌日から起算して２年以内に年金分割割合を定める審判または調停を申し立て、離婚成立日の翌日から起算して２年を経過した日以後または２年を経過する前の６か月以内に審判が確定しまたは調停が成立した場合には、当該審判確定日または調停成立日の翌日から起算して６か月以内が請求期限となります（☞本書 213 頁参照）。

提出書類等

請求手続は、年金事務所に対して行います。提出すべき書類は、標準報酬改定請求書（離婚時の年金分割の請求書）、戸籍謄本（婚姻期間を確認できるもの）、年金分割を明らかにできる書類（合意分割の場合）、当事者の本人確認書類などです。

☞ 年金分割の請求には期限があり、これを徒過すると年金分割の権利は喪われてしまう。期限内に請求手続をする必要がある。

☞ 請求は、年金事務所に標準報酬改定請求書（離婚時の年金分割の請求書）などを提出して行う。

□ 標準報酬改定請求書

届書コード				処理区分		届書
7	8	2	1			

標準報酬改定請求書
（離婚時の年金分割の請求書）

請求する年金分割の種類
合意分割 ・ 3号分割

様式第６５１号

⑤ 実施機関等受付年月日

○ 太枠▭の中に必要事項をご記入ください。ただし、◆印がついている欄は、記入不要です。
○ 黒インクのボールペンで記入してください。
○ 記入にあたっては、「標準報酬改定請求書（離婚時の年金分割の請求書）の記入方法等について」を参照してください。

＊基礎年金番号（１０桁）で届出する場合は左詰めでご記入ください。

1 請求者				
① 個人番号（または基礎年金番号）				送信
② 生年月日	明治 大正 昭和 平成 令和	年 月 日		
氏名	（フリガナ） （氏） （旧姓 ） （名）		⑥◆ 改定者区分	1．第一号改定者 2．第二号改定者 3．被扶養配偶者
住所の郵便番号 —	住所	（フリガナ） 市区 町村		
過去に加入していた年金制度の年金手帳の記号番号で基礎年金番号と異なる記号番号があるときは、その番号をご記入ください。				
厚生年金保険		国民年金		
船員保険				

2 配偶者であった方				
③ 個人番号（または基礎年金番号）				送信
④ 生年月日	明治・大正・昭和・平成・令和	年 月 日		
氏名	（フリガナ） （氏） （旧姓 ） （名）		⑧◆ 改定者区分	1．第一号改定者 2．第二号改定者
住所の郵便番号 —	住所	（フリガナ） 市区 町村		
過去に加入していた年金制度の年金手帳の記号番号で基礎年金番号と異なる記号番号があるときは、その番号をご記入ください。				
厚生年金保険		国民年金		
船員保険				

3 婚姻期間等

1．標準報酬改定請求を行おうとする婚姻期間等について、該当する項目を○で囲み、それぞれの項目に応じて定められた欄を記入してください。
ア．婚姻の届出をした期間（法律婚期間）のみを有する。⇒「2」欄
イ．婚姻の届出をしていないが事実上婚姻関係と同様の事情にあった期間（事実婚期間）のみを有する。⇒「3・5」欄
ウ．事実婚期間から引き続く法律婚期間を有する。⇒「4・5」欄

2．次の⑩欄と⑪欄を記入してください。

⑩ 婚姻した日	大・昭・平・令	年 月 日	⑪ 離婚した日、または婚姻が取り消された日	平・令	年 月 日

3．次の⑩欄と⑪欄を記入してください。

⑩ 事実婚第３号被保険者期間の初日	昭・平・令	年 月 日	⑪ 事実婚関係が解消したと認められる日	平・令	年 月 日

4．次の⑩欄と⑪欄を記入してください。

⑩					
事実婚第３号被保険者期間の初日	昭・平・令	年 月 日			
婚姻した日	昭・平・令	年 月 日	⑪ 離婚した日、または婚姻が取り消された日	平・令	年 月 日

5．事実婚期間にある間に、当事者の一方が他方の被扶養配偶者として第３号被保険者であった期間を全て記入してください。

事実婚第３号被保険者期間				
昭和 平成 令和 年 月 日 から	昭和 平成 令和 年 月 日 まで	昭和 平成 令和 年 月 日 から	昭和 平成 令和 年 月 日 まで	
昭和 平成 令和 年 月 日 から	昭和 平成 令和 年 月 日 まで	昭和 平成 令和 年 月 日 から	昭和 平成 令和 年 月 日 まで	

合意分割の場合に必要となる年金分割を明らかにできる書類には、年金分割の合意書（日本年金機構のサイトから書式がダウンロードできます。当事者双方が署名して作成します）のほか、公正証書、公証人の認証を受けた私署証書、調停調書、年金分割割合が定められた審判書・判決書があります。

□ 年金分割の合意書

年金分割の合意書

【合意内容】

（甲）＿＿＿＿＿＿＿＿と（乙）＿＿＿＿＿＿＿＿は、
次の事項について合意したので、ここに合意書を作成する。

第一条　厚生年金保険法第78条の2第1項の規定に基づき、標準報酬の改定または決定の請求をすること。
第二条　第一条に規定する請求について、請求すべき按分割合を
０．□□□□□
とすること。

令和　　年　　月　　日

署名等（甲）			
	個人番号（または基礎年金番号）		
	生年月日	明治・大正 昭和・平成 令和	年　月　日
	氏名		

署名等（乙）			
	個人番号（または基礎年金番号）		
	生年月日	明治・大正 昭和・平成 令和	年　月　日
	氏名		

※　記入・署名の前に裏面の注意事項を必ずお読みください。

年金事務所等使用欄　　※ 職員が記入するため、請求者は記入不要です

	提出者区分	確認書類	印鑑照合欄	確認欄	受付印
甲	本人 ・ 代理人	運転免許証・運転経歴証明書 パスポート・個人番号カード 印鑑登録証明書			
乙	本人 ・ 代理人	運転免許証・運転経歴証明書 パスポート・個人番号カード 印鑑登録証明書			

年金分割の合意書を用いて合意分割の請求手続を行う場合、当事者双方または当事者双方の代理人が、年金事務所に書類を直接持参することが必要になります。調停調書や審判書・判決書において年金分割割合が定められていれば一方当事者だけで請求手続を終えることができますが、調停調書などがない場合には、公正証書を作っておくなどしないと他方当事者の協力なしには請求手続が進められない、という点には留意が必要です。

請求手続を終えると、日本年金機構が年金分割割合に基づき厚生年金の標準報酬を改定し、改定後の標準報酬を当事者双方に通知します。この通知（標準報酬改定通知書）が届けば、年金分割は完了です。

健康保険

健康保険については、離婚後、どのような手続きが必要になりますか？

配偶者の勤務先の健康保険に被扶養者として加入していた場合

配偶者の勤務先の健康保険に被扶養者として加入していた者は、離婚をすると被扶養者ではなくなりますので、新たな健康保険に加入しなければなりません。このとき、新たな加入先としては、①国民健康保険、②親族の勤務先の健康保険（被扶養者としての加入）、③自分の勤務先の健康保険が考えられます。

国民健康保険に加入する場合には、離婚成立日から 14 日以内に市区町村役場での手続きをすることが必要です。この手続きには、もとの健康保険の加入資格がなくなったことを確認できる資格喪失証明書が必要です。資格喪失証明書は、元配偶者が勤務先に対し資格喪失の手続きをすることで、当該勤務先から発行されます。短い期間に手続きをしなければならないことや、元配偶者の協力が必要になる、という点に留意しましょう。

親族の勤務先の健康保険や自分の勤務先の健康保険に加入する場合には、当該勤務先に加入のための手続きについて問い合わせ、それに対応していくことになります。これらの場合にも、資格喪失証明書が必要になります。

☞ 配偶者の勤務先の健康保険に被扶養者として加入していた場合：
新たな健康保険または国民健康保険に加入する。

☞ 国民健康保険に加入していた場合：
市区町村役場で世帯主の変更や氏名変更の手続きを行う。

☞ 自分の職場の健康保険に加入していた場合：
勤務先で世帯主の変更や氏名変更の手続きを行う。

国民健康保険または自分の勤務先の健康保険に加入していた場合

離婚前から国民健康保険または自分の勤務先の健康保険に加入していた場合は、離婚後も同じ保険に加入することになります。ただし、離婚に伴って住民票上の世帯主を変更したり、氏を変更したりする場合は、被保険者証の変更手続が必要になります。この場合、市区町村役場または勤務先で変更手続を済ませるようにしましょう。

離婚成立前の健康保険の資格喪失

離婚を具体的に意識するようになると、それまで専業主婦・専業主夫だった方も、離婚後の生活を見据えて就業することが多いと思われます。そして、その方の年間収入が 130 万円以上になれば、婚姻中であっても、配偶者の扶養から外れることになります。この場合、離婚を待たずに配偶者の勤務先の健康保険から抜け、国民健康保険または自身の勤務先の健康保険に加入することになります。

この健康保険の変更手続の際は、離婚後の場合と同様、資格喪失証明書が必要になります。資格喪失証明書は、配偶者が勤務先に対し資格喪失の手続きをすることで当該勤務先から発行されます。子どもの健康保険も一緒に移す場合には、自身と子どもの両方について、資格喪失証明書を発行してもらう必要があります。

児童手当・児童扶養手当

離婚成立後、子どもの親権者となる親がもらえる児童手当・児童扶養手当とはどのようなものですか？ 受給するために、どのような手続きが必要ですか？

児童手当

児童手当とは、ひとり親に限らず、中学校卒業まで（15歳の誕生日後の最初の3月31日まで）の児童を養育している者に対して支給される手当です。児童が3歳未満の場合は月額1万5000円、3歳以上小学校修了前の場合は月額1万円（高校卒業までの養育している児童のうち3人目以降である場合は月額1万5000円）、中学生の場合は月額1万円が支給されますが、所得制限限度額以上の収入がある場合には、支給を受けることはできません。原則として毎年6月・10月・2月に、4か月分ずつ支給されます。

児童扶養手当

児童扶養手当とは、18歳に達する日以後最初の3月31日までの間にある児童（一定の障害を有する児童の場合は20歳未満まで）をひとり親家庭等において養育している者に対して支給される手当です。こちらも所得制限が設けられており、所得制限限度額以上の収入がある場合には支給を受けることはできません。また、支給が受けられる場合であっても、所得金額によっては一部支給となります。児童1人の場合、全部支給であれば、月額約4万3000円が支給されます（令和3年4月現在）。奇数月に、2か月分ずつ支給されます。

- ☞ 児童手当は中学校卒業までの児童の養育者、児童扶養手当はひとり親家庭等における18歳の年度末までの児童の養育者に対して支給される手当である。ともに所得制限がある。
- ☞ 申請手続は、住所地の市区町村役場の窓口で行う。

受給のための手続き

児童手当・児童扶養手当ともに、住所地の市区町村役場の窓口（ただし、公務員の場合は勤務先）での申請手続が必要です。いずれも、原則として申請月の翌月分からの支給となりますので、申請手続は急ぎましょう。

別居中に児童手当を受け取るには

児童手当は、児童の養育者に対して支払われます。夫婦で子どもを養育している場合には、夫婦のうち生計の中心となっている者（恒常的に所得の高いほう）に受給権があり、児童手当は受給者名義の口座へ振り込まれます。

離婚協議中などで別居している夫婦の場合には、収入の多寡にかかわらず、子どもと同居している親が児童の養育者として児童手当の受給権者になります。ただ、市区町村役場は、夫婦が離婚協議中などであるという事実を当然に把握しているわけではありませんから、この事実を確認することができる書類（たとえば離婚協議の申入れを行った内容証明郵便、調停期日呼出状、家庭裁判所の事件係属証明書、調停不成立証明書など）を市区町村役場に示して、子どもと同居している親において児童手当の認定請求を行う必要があります。

その他の社会保障給付

児童手当・児童扶養手当以外に、ひとり親家庭が受けられる給付などはありますか？

地方自治体のひとり親家庭支援制度

ひとり親家庭への支援策として、各地方自治体（都道府県・市区町村）は独自にさまざまな施策を設けています。たとえば東京都には児童育成手当の制度があり、ひとり親家庭等において18歳の年度末までの児童（一定の障害がある児童の場合は20歳未満まで）を養育している者に対し、1人当たり月額1万3500円が支給されます（なお、所得制限があります）。

また、ひとり親家庭への医療費助成制度（マル親）もあります。東京都の場合、ひとり親家庭等において18歳の年度末までの子ども（一定の障害がある子どもの場合は20歳未満まで）を養育している者とその子どもに対して、医療費の助成を行っています（こちらも所得制限があります）。

そのほか、自治体によってはひとり親家庭に対する水道料金・下水道料金の減免制度を設けたり、公営交通の無料乗車券の発行をしたりしているところもありますし、一定枚数の有料ゴミ袋の支給制度を設けている市区町村もあります。

自治体ごとに支援制度の内容は異なります。市区町村役場の窓口や自治体のホームページで確認し、アドバイスするとよいでしょう。

☞ ひとり親家庭への支援として、都道府県や市区町村が設けている各種手当等の制度が存在する。自治体のホームページなどで確認しよう。

その他のひとり親家庭支援制度

たとえばJRは、児童扶養手当を受給している者およびその者と世帯を同じくする者に対し、JR通勤定期乗車券を3割引で購入できる制度を設けています。その他さまざまな支援制度がありますので、インターネット等で情報を調べてみてください。

MEMO

MEMO

執筆者紹介

弁護士　平田　雅也（ひらた まさや）

法政大学法学部法律学科卒業　平成８年４月弁護士登録
みちひらき法律事務所（東京都町田市）
URL　http://michihiraki-law.com/
執筆担当：第４章、第６章

弁護士　松村　武（まつむら たけし）

早稲田大学法学部卒業　平成８年４月弁護士登録
順風法律事務所（東京都立川市）
URL　http://www.junpu.net/
執筆担当：第２章、第３章

弁護士　大藏　久宣（おおくら ひさのぶ）

中央大学法学部法律学科卒業　平成16年10月弁護士登録
大藏法律事務所（東京都府中市）
URL　http://www.okura-lawoffice.com/
執筆担当：第８章、第９章

弁護士　大藏　隆子（おおくら たかこ）

慶應義塾大学法学部法律学科卒業　平成16年10月弁護士登録
大藏法律事務所（東京都府中市）
URL　http://www.okura-lawoffice.com/
執筆担当：第12章

弁護士　湧田　有紀子（わくた ゆきこ）

中央大学法学部法律学科卒業　平成16年10月弁護士登録
東京調布法律事務所（東京都調布市）
URL　https://tokyochofu-law.com/
執筆担当：第5章、第7章

弁護士　倉持　雅弘（くらもち まさひろ）

早稲田大学大学院法務研究科卒業　平成26年12月弁護士登録
東京桜橋法律事務所（東京都中央区）
URL　http://tksb.jp/
執筆担当：第10章、第11章

弁護士　依田　知（よだ さとる）

一橋大学法学部卒業　令和元年12月弁護士登録
順風法律事務所（東京都立川市）
URL　http://www.junpu.net/
執筆担当：第1章

弁護士のための
イチからわかる離婚事件対応実務

令和4年12月1日　初版発行

検印省略

日本法令®

〒101-0032
東京都千代田区岩本町1丁目2番19号
https://www.horei.co.jp/

編著者	平田雅也
著者	松村武
	大藏久宣
	大藏隆子
	湧田有紀子
	倉持雅弘
	依田知
発行者	青木健次
編集者	岩倉春光
印刷所	神谷印刷
製本所	国宝社

（営　業）　TEL　03-6858-6967　　Eメール　syuppan@horei.co.jp
（通　販）　TEL　03-6858-6966　　Eメール　book.order@horei.co.jp
（編　集）　FAX　03-6858-6957　　Eメール　tankoubon@horei.co.jp

（オンラインショップ）　https://www.horei.co.jp/iec/
（お詫びと訂正）　https://www.horei.co.jp/book/owabi.shtml
（書籍の追加情報）　https://www.horei.co.jp/book/osirasebook.shtml

※万一、本書の内容に誤記等が判明した場合には、上記「お詫びと訂正」に最新情報を掲載しております。ホームページに掲載されていない内容につきましては、FAXまたはEメールで編集までお問合せください。

・乱丁、落丁本は直接弊社出版部へお送りくださればお取替えいたします。

ISBN 978-4-539-72934-2

https://www.horei.co.jp/bg/

「労働・社会保険の手続き＋関係税務」「人事労務の法律実務」を中心に，企業の労務，総務，人事部門が押さえておくべき最新情報をご提供する月刊誌です。

ビジネスガイド

https://www.horei.co.jp/sr

開業社会保険労務士専門誌 SR

開業社会保険労務士のため，最新の法改正やビジネスの潮流をとらえ，それらを「いかにビジネスにつなげるか」について追究する季刊誌です。

便利でお得な定期購読のご案内

定期購読会員（※1）の特典

- **送料無料で確実に最新号が手元に届く！**（配達事情により遅れる場合があります）
- **少しだけ安く購読できる！**
  - ビジネスガイド定期購読（1年 12 冊）の場合：1冊当たり約 155 円割引
  - ビジネスガイド定期購読（2年 24 冊）の場合：1冊当たり約 260 円割引
  - ＳＲ定期購読（1年4冊（※2））の場合：1冊当たり約 410 円割引
- **会員専用サイトを利用できる！**
  サイトでは，最新号の全記事の閲覧，バックナンバーの記事タイトル検索などがご利用いただけます
- **割引価格でセミナーを受講できる！**
- **割引価格で書籍や DVD 等の弊社商品を購入できる！**

定期購読のお申込み方法

振込用紙に必要事項を記入して郵便局で購読料金を振り込むだけで，手続きは完了します！
まずは雑誌定期購読担当【☎03-6858-6960 ／✉kaiin@horei.co.jp】にご連絡ください

1 雑誌定期購読担当より専用振込用紙をお送りします。振込用紙に，①ご住所，②ご氏名（企業の場合は会社名および部署名），③お電話番号，④ご希望の雑誌ならびに開始号，⑤購読料金（ビジネスガイド1年 12 冊:12,650円，ビジネスガイド2年 24 冊:22,770円，SR1 年 4 冊:5,830円）をご記入ください。

2 ご記入いただいた金額を郵便局にてお振り込みください。

3 ご指定号より発送いたします。

（※1）定期購読会員とは，弊社に直接1年（または2年）の定期購読をお申し込みいただいた方をいいます。開始号はお客様のご指定号となりますが，バックナンバーから開始をご希望になる場合は，品切れの場合があるため，あらかじめ雑誌定期購読担当までご確認ください。なお，バックナンバーのみの定期購読はできません。

（※2）原則として，２・５・８・11 月の5日発行です。

■ 定期購読に関するお問い合わせは･･･

日本法令 雑誌定期購読会員担当【☎03-6858-6960 ／✉kaiin@horei.co.jp】まで！